叛逆中年

楊蓓 著

自在的步伐

認識楊蓓，總是從遙遠的地方。沒有任何深入會談的機會，沒有同事、同遊、同一工作坊或訓練這類密集的交會，更沒有親友同鄉之類的緣故。認識楊蓓是遙遠的，也許是聽到，也許是眾人會集的場合，也許只是在走廊上閒聊幾句，這就覺得神交許久了。

我從來不是一個相信自己直覺的人，更不依賴直覺；我只是相信直覺的可能性。這樣的一個人，卻是直覺地相信楊蓓是一個深厚的生命體，是一個自在卻難得誠摯的人。見到她，楊蓓這個人，就有一種整個人交出去給她的這種自然的放心感覺。

曾經，我有一個個案是出家多年的僧侶。他崩潰了，因為他追隨許久的師父，一個在他心中是修行高深

的景仰對象，在臨終之際，卻是對死亡有著不可思議的恐懼。我嘆喟，對這位中年的僧侶：「所以，修行真的是一件很不容易的事。」

修行真的是一件不容易的事。

曾經，我的心中有一份名單，不論認識或不認識，就是我認定在修行上最令我敬仰的世俗之人。這是一份週刊型的雜誌邀約籌畫專欄，我提出一份對話的名單。當時，楊蓓的名字立刻出現其中。

關於這樣名單的擬定，我是有私欲的。

這些年來，我自己思索著，人生一路上犯的許多錯和深受不得不的選擇，居然還可以走到這個地步。修行不只是一種功課，一種個人可以依憑某些法門或上師引導就可以完成的功課；修行更是一種倖存，是面對許多功利誘惑，或不安全感在懷疑心蠢蠢作祟，竟然還可以避開而活下來的倖存過程。

因為修行是如此不容易，我忍不住好奇，自己的私欲，想問問這些人是如何做到的。

這個專欄並沒有開成，也就沒機會去詢問楊蓓的修行之祕。卻是今年（二〇一二）有個機會，可以一窺這

祕境之道。

六月中旬，因為臺灣榮格學會（Taiwan Jung Developing Group）的邀約，此任國際會長也是目前蘇黎世榮格學院的校長莫瑞・史坦（Murray Stein）來臺灣講課。配合他的新書發表會，我邀楊蓓和胡因夢與他對談。

楊蓓可能不曉得那一場會談裡，她促成了多少的因緣，多少功德。

那一天的座談沒有太多的宣傳，場地雖大卻簡陋，原本是有點擔心的。沒想到，不只是會場兩百多個座位都擠滿了，每一個聽眾更是如癡如醉，如醍醐灌頂。莫瑞事後對我問及楊蓓是誰，是如何背景。我想，他跟我一樣，也感受到楊蓓自在發散出來的修行工夫吧。

莫瑞・史坦在之前就有《榮格心靈地圖》（立緒），是一本介紹榮格理論的好書，頗受歡迎。這一次來臨，臺灣心靈工坊又出版了他《英雄之旅：個體化原則概論》，年底出版《轉化之旅：自性的追尋》，和明年年初將出版《中年之旅》。這三本書是他最擅長的，也就是個人的自我成長之路。

而楊蓓在這出版之際，繼《勇氣與自由》（心靈工

坊）和《交心──自利利他的助人法則》（法鼓文化）
之後，又分享了她的《叛逆中年》。似乎，有某一種巧
合，彷如榮格所謂的共時性（Synchronicity）。

　　榮格認為共時性的出現，必有大的意義出現。對臺
灣，對華人世界，這大意義又是什麼呢？幸虧，有楊蓓這
樣的智慧之人引導在前，且樂於分享──包括這一本書。

　　楊蓓的引導總是自然發生。認識多年，她知道我敬
仰聖嚴法師，但仍有自己的議題尚待解決，也就從不暗
示或明推要我去接近法師。當然，是我自己沒福分，無
緣親炙於法師。只是，楊蓓對人的包容與尊敬，卻是由
此可見一斑。

　　這樣的傾聽，這樣有耐心的等待，這樣自在的步
伐，這是楊蓓的風格。有她如此的引導，修行的倖存之
導，忽然輕鬆許多了。

　　這就是楊蓓。

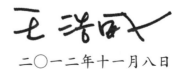

二〇一二年十一月八日

中年，看見自己

　　中年，有一種混雜的感覺，不太容易說得明白。常常是在和友人歡聚時，在片刻的寧靜隙縫中流轉著；也常是在週末的早晨，獨自在傳統市場裡逛時，喜看這人聲沸騰的豐饒裡；更是每年秋天，約莫這個時節，醉在窗外每夕一變的欒樹樹海裡。

　　這種感覺雖然複雜，但卻滿足，有時很想說清楚，卻又不可得，於是有了這本書。過程中，想著周遭的人，看著自己，感慨無限，也感恩無限。

　　回想四十出頭，身心俱疲，只覺得人生到了非轉彎不可的當口。二十年過去了，相較於前面的四十年，只覺得這真是一個意外的中年。

　　這期間經歷了完成博士學位，開始學佛習禪，更經

歷了兩個女兒的長大成人、聖嚴師父和父親的離世,同時也重返厭棄已久的行政工作,沒變的是,我依然是個好為人師的教書匠。

自小,我是個腦子裡一堆疑問的好奇小孩,但是,算是乖順的,長大後,無暇好好滿足心裡的疑問,總是頂著好學生的帽子,但是心裡卻古靈精怪地嘲弄自己。常想,如果不是命好,遇到好父母、好師長,很可能生命乖舛。

我想是完成博士學位和隨師父習禪的空隙,養大了我生命中的疑,才在中年的前半段起了顛覆的作用,看見自己如此這般地活在人間,心裡的革命悄無聲息地發展著。還記得,二○○○年底參加完博士學位的畢業典禮,聖嚴師父在東初禪寺買了一個蛋糕為我慶賀。我慚愧地說:「師父,拿到學位其實有種失落感,不知日後要為什麼而努力,實在沒什麼可賀。」師父斬釘截鐵地說:「學位是拿來用的,妳才剛要開始!」此話如醍醐灌頂,讓我頓然看見過往生命的狹隘和自我中心,只覺得心田中有一個角落開始晴朗,而且逐漸擴大。之後,回到臺北,母親在家門口懸起一幅繡花彩條以資慶祝,

就在羞慚不已時，父親竟然說：「妳終於完成了前面沒做完的事，現在開始妳可以做些更有意思的事了。」轉頭之間，不想讓父母親看見屬於中年我的眼淚。從此，心中晴朗交織著感恩的淚水引領我走到今天。

　　做為一個佛教徒，我卻很怕發願，因為怕自己做不到，因此只能隨緣盡分。然而二○○九年聖嚴師父圓寂，二○一一年父親瀟灑辭世，生命中的兩大支柱不見了，卻也讓我在思念之餘，反覆咀嚼他們的身教，發現他們都是乘願而來的菩薩。一位是發願建設人間淨土的佛菩薩，另一位是一輩子活在我為人人，毫無計較的布袋和尚，於是開始有點羞慚地想：「如果我也能活到他們的歲數，這隨緣盡分之間，『緣』真的只有這些嗎？『分』際中，是否有些是遺漏了呢？」當日子比起年輕時愈來愈忙碌的當兒，有一天，一位朋友開玩笑地說：「妳一定是前輩子〈四弘誓願〉❶念多了。」從此，心中的晴朗多了些「認分」和「篤定」，再看這顛倒的人

---

❶ 為佛教徒修學佛道所必發的四個誓願，內容為：眾生無邊誓願度，煩惱無盡誓願斷，法門無量誓願學，佛道無上誓願成。

　　間，明瞭更深，也告訴自己：要活出中年人的氣魄。

　　法鼓文化的果賢法師是本書最主要的催生者，而法鼓文化的朋友們更為中年下了很吸引人的註腳——叛逆，我的中年雖不是離經叛道，卻也是個異數，於是藉由此書邀約志同道合的中年人一起叛逆，用盡生命中所有的光和熱，當我們老去的時候，想著自己是如何地善用了自己，然後帶著笑容，從容離去。

楊蓓

二〇一二年十月七日

目錄 ✤ CONTENTS

目錄 ✿ CONTENTS

Chapter 1

中年，
我的世界在崩解

中年，
人生的第二個青春期

　　幾歲開始算是中年呢？

　　西方學者哈維赫斯特（R. J. Havighurst）認為，四十到五十五歲是中年期。不過，從一些成人發展理論來看，人到了三十五歲時，潛意識裡已開始醞釀面對中年了，這個時期可視為「前中年」。但是現代社會環境變化很快，生活壓力也很大，有些人未老先衰，可能才二十多歲就覺得自己老了，產生提早衰老的現象。

　　撇開年紀不談，人到中年，身心狀況會有很明顯的不同，首先是外表開始發生「變老」的徵狀，身體機能也開始逐漸衰退，外在的改變也造成內在的質變，如果不是朝向我們所預期的情況發展，可能會有一種「我的世界在崩解」之慨。

❀ 人到中年的兩大徵兆

　　每個人對中年的感受不同，但有兩個明顯的生理徵兆，告訴我們不得不面對中年的事實，就是老花眼與白頭髮。

　　以我個人而言，三十八歲去眼科驗光時，醫師跟我說：「妳有老花眼了！」我聽完不發一語，但在回家的路上，竟然開始掉眼淚，覺得自己才三十八歲，居然就有老花眼，因為那時從來沒有想過「自己會老」；白頭髮是另一個明顯的徵兆，人們面對白頭髮時，與面對老花眼如出一轍。我們看待自己的白頭髮時，心裡是七上八下的，有種隱約的哀傷，好像宣告自己真的「青春不再」了。

　　除了這兩個明顯的徵兆，多數步入中年的人，也會感覺體力大不如前，以前熬夜兩、三天都無所謂，現在只要晚點睡，第二天的精神就會不好。從這一些可以感覺得到、看得到的現象來判斷自己的狀態時，終究不得不面對現實：「真的已經中年了！」

❀ 中年，人生的第二個青春期

　　面對人生階段的轉折，家有青少年的父母最清楚，是不是覺得他們很令人頭疼？因為青少年很難被了解，而且到底發生了什麼事情，可能連他們自己都不知道，更不會讓父母知道。

　　很多研究指出，青少年有「認同危機」，因為生理方面產生很大的變化，然後影響心理，接著他的社會角色也開始增加……。其實，看看中年又何嘗不是如此呢？步入中年，人們面對「年華老去」的事實，蘊涵了很細膩又複雜的感覺，有時是難以言喻的，不容易說清楚，這種情況與青春期有點類似。所以，我給中年下了一個定義：「人生第二個青春期。」

　　我們有時會稱青春期是「風暴期」，他們正在「轉大人」，即將邁向人生的黃金期，人生的曲線是攀向高峰；而中年期則是在「轉老人」，將要走向人生的晚年，人生曲線是走下坡的。

　　整體而言，我們的生命歷程有一個固定的發展模式，也就是照著整體社會約定俗成的規範行事，這樣才會有安全感，為什麼？因為你、我、他，大家都一樣，

到了適婚年齡，該結婚都結婚了；到了生育年齡，該生養孩子都生養孩子了，這些都帶給人們生存的安全感。在社會的世俗規範裡，隱隱約約有一個「該這麼做」的規定。如果到了適婚年齡，你沒有結婚，除了必須承受來自家人的壓力，還有來自社會規範的壓力。然而，中年的壓力卻是不再有那麼明顯的規範告訴你該怎麼做。

🍀 被社會規範型塑的人生

我們看待青春期階段的青少年，從小孩慢慢長成大人的過程中，是有一段混亂期的。自從心理學家、教育學家把這些理論提出後，整個社會開始用一個比較「能理解」的眼光來看待青少年。無論青春期的身心狀況怎麼天翻地覆，出現種種叛逆行為，可是，他們仍會慢慢被社會規範型塑，進而慢慢被導回到規範裡。

自古以來，社會規範讓人知道，什麼時候該做什麼事情，社會規範給人一種安全感。孔子說：「三十而立；四十而不惑；五十而知天命；六十而耳順；七十而從心所欲，不踰矩。」他指出了一個人生發展的不同階段。可是，什麼是「三十而立」呢？結婚就是其中一個

「立」，有一份穩定的工作也是一個「立」，在早期的
傳統社會，如果能夠生個兒子那更是「立」，這些都讓
人能立足於社會。

　　因此，當我們看到有些人情緒起伏不定或行為乖張
時，即使當事人已經四十歲了，我們會笑他還處於青春
期，怎麼到了中年還在叛逆？

　　因為人生階段只能往前走不能往後退，即便人們
出現老花眼、頭髮也開始白了、體力開始衰退了，可是
整個社會對「中年」這個角色的期待，就是要一直往前
走。我們從小就習慣這個「一直往前走」的期待。唯一
例外的是，就是在青少年的階段，被允許有一點叛逆，
可是在其他人生階段，我們會發現人生都活在社會規範
下。只是，一直往前走往何處，卻有點晦暗。

❀ 你也是追紅蘿蔔的驢

　　社會規範就好像一個框架，所有的人都在這個框架
裡，往相同的方向前進。於是，我們會發現許多人在二
十到三十歲之間結婚，在所謂的適婚年齡走入婚姻；但
隨著社會變遷發展，適婚年齡也許會往後延，如果在三

十到四十歲之間結婚，因為生理年齡已經進入中年，其實還是要承受生育的壓力。不過，現在選擇不婚的人也不少，這又得承受更多的社會壓力。

人生在結婚之後，接下來就是要生養小孩，通常第一胎是在二十五到三十五歲之間，這是所謂的正常，當我們處於正常時，會發現少掉很多社會壓力，因為我們不會和別人「不一樣」，偏離社會規範的框架；接著繼續在人生方向上開始衝刺，朝生涯規畫發展，例如養孩子、養房子、養車子……，等達到這些規畫目標時，就準備進入中年了，這是一個常態。

雖然這樣的常態很安全，但當我們逐漸進入中年，有時不免會覺得「人生就是這樣嗎？」或「煩惱真的因此而變少嗎？」，答案往往是否定的。為何會產生這麼大的落差？

其實，社會規範給我們的框架，如影隨形地在每個人身上發生作用，當自己和大家一樣時，會產生安全感；在與大家一樣的基礎上去努力，我的成就感、歸屬感，以及人生的價值會因此被肯定。

這情形有點像驢子追著一根吊著的紅蘿蔔，拚命往

前跑的寓言故事，社會規範的框架就是那根紅蘿蔔，於是我們就追著那根紅蘿蔔跑，也因此很難有多餘的精力來想：「我這樣做到底對不對？」我們的生活在工作陞遷、柴米油鹽醬醋茶，以及奶瓶、尿片等生活瑣事中翻騰，使盡所有力氣想辦法去爭取到我們要的位置。

　　我們會發現，人生前半段花在「追紅蘿蔔」上的努力，真是無以數計，尤其是二十世紀以後，最讓人痛苦的一件事就是，人們共同創造出一個充滿競爭的世界。競爭帶給人們的就是「比較」，譬如說開高中同學會，來參加同學會的人會提到某某人沒來，是因為如何如何……，這意味著在生命歷程中，因為競爭的架構一直都在，人與人之間的比較標準，也時時刻刻都在，於是人就用這樣的標準來判定自己的前半生是成功，還是失敗。

「中年症候群」小測驗

人到中年，生理與心理再度產生變化，這是中年特有的現象，可說是「中年症候群」，這些現象提醒我們正處於人生的轉換階段，也是生命改變的契機。看看以下的「症狀」，哪些項目和現在的你相符呢？

☐ 對於「老」字很敏感。

☐ 染髮次數愈來愈頻繁，很害怕白頭髮冒出來。

☐ 情緒起伏大，常被問說：「是不是更年期到了？」

☐ 覺得看報紙愈來愈吃力。

☐ 感覺體力沒以前好，只要一熬夜就覺得特別累。

☐ 身體開始出現痠痛，一些健康指數也偏高，例如血壓、血糖、血脂等。

☐ 對美容、養生、宗教話題產生興趣。

☐ 社交圈很固定，對認識新朋友興趣不大。

☐ 對電視或電影情節常會莫名的感傷。

☐ 懷疑自己有中年危機。

☐ 輩分不知不覺自動升級，從小姐變成大姊、阿姨、歐巴桑。

☐ 老愛提當年勇，回憶比記憶好。

☐ 腦海裡總想著要早日退休。

□ 對家人或家庭的感覺疏離，在家的地位沒有想像中重要。

□ 發現自己的父母原來年紀也不小了。

□ 在職場上，常被同事認為倚老賣老，是不同圈子的人。

□ 在職場上有種入錯行的感覺，總會浮現是不是該轉行的想法。

□ 人生還有夢想沒實現，想大膽去追求夢想，卻又有點忐忑。

□ 心中三不五時會冒出：「自己活著究竟是為了什麼？」

改變，中年萬事變

　　當人們走在一個社會規定的範疇裡時，至少不會失敗，雖然離成功還有距離，可是至少可以告訴自己：「我不是一個輸家！」當我們將自己放到與別人一起公開活動的場合時，會覺得自己還是個有「位置」的人。我們為了在社會規範的框架裡找到屬於自己的位置，幾乎耗費了大半生的力氣，而且對此從來不曾懷疑。

❧ 藏不住的人生疑問

　　可是，這樣的「不懷疑」只是隱而不見，人生的疑問其實很多，只是我們沒有餘力去追問，或甚至害怕失去安全感，於是根本就不去追問，只想照著規範走。那個情形好像我們搭乘手扶梯一樣，社會規範的框架就像

用手扶著的動作，只要順著手扶梯走就行，心裡很清楚
手扶梯只會上或下到那裡去，所以會有安全感。

　　發展心理學家李文森（D. Levinson）說：「人從三
十五歲時，就開始懷疑自己前半生的日子到底過得對不
對？」可是很多人不見得在三十五歲開始懷疑，因為還
在忙著完成自己的社會責任，但是心裡也有一點點若有
似無的想法：「這樣的日子好像應該改變一下。」

　　想要「日子稍微改變一下」，卻不是說變就能變，
因為社會在給人這麼多框架的同時，也給了同樣多的正
向支持，例如生活無虞、擁有財富、擁有社會地位、受
人尊敬……，這些社會眼光會與我們內在的價值觀互
動，就會讓自己覺得自己沒走錯路，於是相對地，心裡
的那個懷疑聲音就會變小。

❀ 什麼都在改變的中年

　　可是，這時有個重要關鍵出現了，就是角色開始改
變。人到了中年，面對十多年的婚姻生活，夫妻關係會
呈現疲態，當然有些人不願意去承認這種婚姻生活的無
聊，只會覺得應該來點新鮮的、刺激的，所以外遇就因

應而生。

　　如果我的朋友成為別人的外遇對象時，我會警告對方說：「你不過是個替代品！」人生走到中年這個階段，有人正好需要一個感情出口，所以便外遇了。這個現象帶給人們的訊息是：「這時的夫妻關係需要有一些變化。」

　　人到了四十歲時，孩子大概已進入求學階段，家庭的經濟負擔不見得減少，可是會比較穩定。當孩子占據我們的時間變少以後，會多出一些自己的思考空間：「我撫養孩子、工作，盡心盡力地為家、為所愛的人努力，我好累！」為何會出現「我好累」的聲音，這意味著我們即使活在一個有安全感的框架裡，譬如說事業成功有成就感，但想再繼續努力，其實已經有點力有未逮。

　　無論從職位的陞遷或社會結構來看，中年可能進入一個高原期，但是要再往上爬，位置卻愈來愈少。從家庭角色關係的變化，到職場角色的變化，這些角色夾雜在一起時，開始有了隙縫，生命的疑問會開始出現，出現在我們抱怨自己老花眼、白頭髮、腰圍變粗，以及

體力衰退時，於是自言自語：「我要老了！」可是在「我要老了」還沒出現之前，最容易出現的是：「我累了！」我們通常會先從體力上的累開始發現，年輕時可以熬夜兩、三天做事，可是到了中年，只要熬夜，隔天就會精神不濟。所以我們是從「體力的累」，慢慢地覺察到「心裡的累」。

心力上的累，是長時間累積下來的。社會規範所賦予的框架，讓人們在必須全力以赴的過程當中，也許沒有創傷累累，但還是會感到疲累，長時間累積的勞累，並不只是體力上的累，而是加上心力的累。心力的累，會讓人對人生的疑問趁著隙縫冒出來。

當「疑」冒出來時，再搭上「累」，便會產生「我這輩子要這樣過嗎？」的疑問。雖然我們不知道要怎麼過，可是會開始質疑前面的日子為什麼都是這樣活過來的。這時，很多人就冒出「我要退休」的念頭，「退休」是一個非常象徵性的身心疲倦呈現。特別臺灣這代的中年人，我們的成長與臺灣的發展有一致性，一九七○、八○年代是臺灣經濟起飛的年代，正好是我們這一輩中年人努力以赴的時候，生命目標非常堅定，我們就

在社會的框架裡，從不懷疑地往前走。

　　等到進入一九九〇年代，我們開始要進入中年時，臺灣正好面臨到一個轉折期，經濟進入了高原期。不過，有一個很不確定的因素影響我們，就是兩岸開放政策的出現，雖然臺灣的國際化愈來愈明顯，可是我們這一代有很多人還是選擇將孩子送到國外。為什麼？其實道理很簡單，就是臺灣充滿不穩定的因素，我們不希望後代承受這樣的不穩定，所以想辦法把孩子送到穩定的地方去，早期是美國，後來是加拿大、澳洲。假設我們是希望為子孫找一個更安定的地方生活，所以將孩子往國外送，可是臺灣近幾年來，有很多中年人回流，明明臺灣仍然不穩定，他們為什麼還要回流？

　　因為他們看清全世界無論到哪都不穩定，這個不穩定的現象其實是整體的情況，不是只有國土危脆而已，現在是全球危脆。我們的生命歷程與社會的變遷是混合在一起的，社會結構的變遷所造成的不穩定會動搖我們的安全感，可是那個動搖不會在我們的身上產生作用，我們把它投射到是整個社會的狀況，於是將孩子送往國外發展。

❀ 人生何處可為家？

　　當我們將孩子送往國外時，以為即便面臨不穩定的狀態，只是自己不穩定，至少自己的後代不會不穩定。可是臺灣這幾年比較劇烈的變動是跟著全球的脈動，例如金融風暴，使得很多人失業，不婚族開始增加，頂客族也開始增加。這些變動牽涉到我們的人生歷程與社會互動的連結，也帶來一個省思：哪裡才找得到人生的淨土？物質條件的滿足，沒有辦法真正地安定人心，所以宗教文化的發展非常蓬勃。

　　社會變動時，我們在浮浮沉沉的過程裡，會一直想要尋找可以安身立命的地方。或許我們有安定的家庭，也有穩定的工作，雖然生活上沒問題，但是自問人生何處可為家時，這其實才是中年人的疑問。我們的家會變動，例如會面臨到父母的老去、離去，會面臨到孩子離家等。

　　至於現在很多宅男宅女都成年了還住在家裡，我相信身為父母的，對此也是有某種程度的樂意的，雖然心裡會覺得孩子長大應該獨立，可是還是覺得孩子住在家裡比較安心，心是繫在孩子身上的，於是日子就一天一

天過去了。所以現代人不結婚、不工作，一天到晚宅在家，父母其實要負部分責任。

我們這代中年人面臨的變局是，外在環境在改變，自己也在改變，所有的事情都在改變，所以當「人生何處可為家？身心如何安頓？」這樣的疑問冒出來時，我確信是進入中年了。

這樣的中年聽起來挺哀傷的，好像我們抓著的這些東西都是虛幻的，自己是不是真的就這樣過一輩子呢？

🍀 退休，身心疲累後的想法

我在臺北大學任教時，有一位同事在我們快要五十歲時，他向我提議：「楊蓓，妳要不要退休？」當時我回說：「我沒想過這件事。」並且數落他：「你比我年輕，怎麼腦子卻在動退休的念頭？」他說：「教那麼久的書了，實在很累。」後來，他又向我提了幾次，我非常義正詞嚴告訴他：「你不能退休，我最反對人在中年退休。」

不管是做學問或從事其他行業，我們從二十多歲開始打拚，累積的知識、能力、技術到了五十歲，正好是

個高峰，是最成熟的階段。以教書為例，如果在五十歲
就提早退休，不單是個人的損失，更是學生、學校的損
失，也是社會的損失。結果，那位同事聽完我的話後，
再也不跟我提退休的事。

當我們覺得心力很勞累，浮現想要退休的念頭時，
往往正是工作能力進入最成熟的時期，當生涯發展沒有
可預期的階梯，讓我們可以繼續走下去時，「退休」通
常是第一個出現的想法，有的人就真的選擇退休了。

退休之後，要做什麼呢？有人想要呼朋引伴遊山
玩水，不然就去喝喝下午茶、逛逛百貨公司，或參加一
些社團，有人會到道場當義工。我有一位屆齡退休的朋
友，一退休就開始遊山玩水，隔了幾年後，我遇見他，
我問他：「你玩得不膩嗎？」他回答：「有點膩。」

另外，我有一位校長朋友，他在年輕時非常努力
工作，我問他退休後的第一件事要做什麼，他說：「睡
到自然醒！」可是過了一段時間後，我再問他，他說：
「很奇怪，以前早上爬不起來，可是現在一大清早就醒
了，不知道該做什麼事。」我認為他真的太閒了，但是
他其實也安排了滿滿的活動，雖然他說這些事情都不會

把他「綁住」，但因為他用「綁住」兩個字，所以我說他被「退休」綁住了。因為他覺得退休的日子一定要怎麼過，而且這些過法都是以前他腦子裡想過卻沒做過的，所以我才說他是被過去的「退休」想法綁住了，覺得退休之後一定要過那樣的日子。

我們對自己的生活安排，前半生的框架是別人給我們的規範，可是後半生的日子呢？雖然沒有人規範我們，可是我們已經被訓練得很好，自己開始規範自己，於是前半生被訓練得很好的框架，到了後半生照用不誤，在依循前例的過程中，我們對人生的疑問又有機會冒出來了，所以那個疑其實是跟著我們的框架走的。

🍀 要為自己活

中年人的生命被框架規範，到底好還是不好？這是值得思考的，而且在這個框架裡，人究竟是自願的還是被動的？這也是需要思考的。當一個人不希望被以前的生活模式綁住，退休後可以安排自己想過的生活，但其實卻過得和以前上班的日子一樣，能對自己的人生做交代嗎？

　　人們常說的退休後希望，第一個是「睡到自然
醒」，第二個是「我要為自己活」，於是曾夢想自己會
是鋼琴家、舞蹈家而沒有機會實現的人，退休後便學鋼
琴、學舞蹈、學畫畫，參加各式各樣的藝文社團，學
做一個有藝文氣質的人。退休後到處遊山玩水，似乎活
得很有樂趣，和以前過的生活不一樣；以前的生活有壓
力，過去的那些壓力是別人壓著我們的，可是當我們做
出這些活動安排時，其實是自己不自覺地在壓著自己，
背後還是存在一個疑問：「人為什麼活著？」

　　我們前半生辛苦得要命，是為別人活，可是到了中
年，已經可以為自己活了，為何還要這樣問自己？「要
為自己活」表面上看起來理直氣壯，可是心裡不踏實，
其實就是「疑」在作祟。

　　所以當生命走到中年時，有人會找外遇讓自己刺
激一下、新鮮一下，證明自己還年輕，要抓住青春的尾
巴。自己過去為太太、為先生、為孩子活，現在抓住青
春尾巴，也要為自己活，要找一份親密關係，那份親密
關係裡是有知己的成分。元配可能會不服氣說：「你有
幾根汗毛我都知道，所有生活習慣我都知道，你說我不

了解你？」發生外遇的人，他真的不覺得自己被了解，
元配卻覺得了解對方，這很值得探討，其中究竟發生了
什麼事？

　　退休也是一樣的道理，退休的人把自己的生活安
排得很好，可是這樣的日子過下來，不但沒有辦法睡到
自然醒，心裡還是感到空虛、不踏實，原因到底出在哪
裡？因為我們都美其名是「為自己活」，但那個「自
己」在哪裡？其實並不清楚。

中年男女大不同？

中年男女在身心變化與人際關係上有何差異？對自己這個階段的職涯、心靈成長又有哪些不同的期待？請看以下的分析：

男	項目	女
體力下降卻不願承認，覺得自己的體力不輸年輕人，自己仍是「熱血歐吉桑」。	生理	在乎外表，害怕吸引力不再，對體重、身材、面貌特別敏感，希望自己仍是「美魔女」。
藉由獲得年輕女性的青睞，證明自己的雄性魅力還在。所以外遇常成了出口。	親密關係	因更年期到來，隨著賀爾蒙的變化而情緒不穩，但對親密關係仍壓抑。
容易產生「失落」，不知道自己前半生的努力，能否獲得肯定與價值。	心理	易有「害怕」的感覺，懷疑自己因過去的付出而失去自我。
想回歸家庭，做出改變，重新建立家人的關係。	家庭	想走出家庭，追求自己的人生價值。
進入高原期，卻想再創事業第二春，爭取位置仍是很重要的事。	職場	覺得位置、地位不再重要，想離開職場，投入公益。
還是以職場為主。	社群關係	以家庭、所參加的團體為主。
反省與探尋生命的價值與意義。	生命統整	爭取生活的自主性。
學佛人數雖不多，但對禪修的態度是堅持、深入且持續的。	心靈成長	學佛人數多，但只想尋求心裡平靜、安定。

叛逆，中年的自由

　　如果你已經當了祖父母，這代表你的孩子非常遵循社會規範，規矩地成家立業、生養孩子。當你的孩子步上正軌時，照理來說，應該感到安心了，實則不然，照顧孩子是一輩子的事，所以連孫子、孫女的事也變成自己的事，那個心就一直懸在那裡，永遠都放不下心來。

　　有一次，聖嚴師父問我：「夫妻之情容易斷？還是父母子女之情容易斷？」我的答案是夫妻之情容易斷。師父問我為什麼？我說子女是從肚子生出來的，這條臍帶明明剪斷了，可是它就是剪不斷。我想對很多人來講，我們的答案都是一樣的。子女總是讓為人父母者牽腸掛肚，雖然孩子成年了搬出去住，可以眼不見為淨，可是三不五時還是會掛念。

❀ 孩子，一輩子的牽掛

「放下孩子」是中年人很重要的一項功課，但是很難做到。在為自己活的前提下，讓我們最放心不下的還是孩子。因此，有人不想生小孩，年輕一輩看到父母對自己的牽腸掛肚，換句話說就是把小孩控制得牢牢的，就不想生小孩，不要一輩子都被孩子牽絆住。

至於夫妻關係，可以佛法的因緣法來看。你是否曾想過：「為什麼這個人在這一輩子成為我的伴侶？」當這個問題出現時，它會成為重要的轉折點，為什麼呢？因為這個人會和我結為伴侶，一定有原因，也就是因緣。我們不必管七世夫妻一類的轉世輪迴，很簡單的一個例子：「為什麼結婚後，碗都是我洗呢？」從這件事你就可以參話頭了。

人到了中年時，因為人生當中有這麼多自己想做的事，可是又有牽腸掛肚的事時，所以會出現很多的疑問，這時才真正的開始摸索著進入到所謂的「自我肯定」。中年是自我肯定的關鍵時期，並不是說要為自己而活是自我肯定，而是這是很重要的人生階段。假設我們按照一般的說法，將四十歲做為中年的開始，然後活

到八十歲，還有四十年的時間，幾乎占掉了一半的人
生，中年的歲月其實很漫長，這是未來的一個市場。這
個市場不是可以賺錢的市場，而是人生要創造意義的市
場，換句話說，有這麼長的時間可以思考，如何才能夠
活出一個和往常不一樣的生命歷程。至於這是什麼樣的
生命歷程呢？可能我們現在還沒抓到，還在摸索。

❀ 叛逆，中年的自由

　　有些心理學家在研究人生的發展階段時，「中年」
其實是很模糊的階段，不像青春期有跡可循，所以相對
地，中年階段是自由的，可以自己去創造、去安排，去
勾勒出自己的生命歷程，這才是真正地為自己而活。

　　當走到這個階段時，我們就必須思考有哪些歷程是
我們還沒有想好，還沒有好好整理的，哪些歷程雖然是
別人期待我們走的，可是我們真的想要如此嗎？我將叛
逆和自由畫上等號，也就是說可以和以前不一樣，這樣
的叛逆是一個自由的中年。

　　中年比青少年有更多的資源可以運用，至少我們會
思考、會判斷，而青少年階段會走得風風雨雨，因為他

們缺少了人生歷練。可是我們如果要過為自己而活的一個叛逆中年，是有充足的資源，過往的全部經歷都是我們的資糧。

　　很多人或很多書都談到「中年危機」，我卻幾乎沒有提到「中年危機」四個字，因為我其實不太同意中年危機，為什麼？在我看來，中年是充滿希望的。對於人生前半段的日子，我充滿感恩，可是我也必須承認那段日子壓力很大，而壓力裡或多或少是自己不願意扛的，可是我也勉為其難地扛起來了，然後這樣一路走過來。中年之後的日子要如何過？如果我們打算過一個離經叛道的中年，大概心裡已有被挨罵的準備，如此而已，不像在青少年的階段，身上有強烈的社會壓力，但卻懵懂不自知。

　　中年是一個非常開放、非常自由，充滿各種可能的一個階段，如果仍覺得自己精神萎縮、體力不足等情況時，是誰綁住我們呢？是自己綁住自己。所以我對自己的中年是充滿希望的，為什麼？因為我覺得這是一個可以真正做自己的時刻，可是要達到做自己的階段，必須要先做很多的事，那些事是有意義、有價值的，可以幫

助我們檢視過往的歷程。

🍀 豐富，來自生命的酸甜苦辣

　　很多人到了中年後，都會說逝者已矣，來者猶可追，所以過去的就不要管，未來的還可以期待。人是活在現在，可是現在是以過去做為基礎，有些人在這時會害怕，害怕回顧自己的過往，因為中年的豐盛裡，其實包含了酸甜苦辣。

　　我有一個朋友的獨生子在十幾歲時，發生車禍過世，所以朋友一直都處在喪子之痛裡。雖然她希望再生一個孩子，可是不順利，所以他們夫妻還曾經想領養一個孩子，後來考慮再三還是放棄了。喪子之痛是很沉重的創傷，她讓自己忙於工作以不去碰觸傷口，所以事業做得很成功。她以為那個傷痛已經過去了，可是九二一大地震發生，當她在現場當義工時，協助對象的悲苦勾起她的回憶，喪子之痛又排山倒海而來。

　　當她有一次不自覺地說溜了嘴：「兒子走了以後，我不知道為什麼還要活著。」連她自己都嚇了一跳，才發現原來這個傷痛一直跟著她的。她問我如何平復心

情，她對生命感到很疑惑：「我這樣活著到底為什麼？我賺了這些錢要給誰用？我做了這麼多的事究竟是為誰而做？」她的疑問包含著對沒有後代的遺憾，讓她對生命的看法出現了斷裂，也就是覺得人活著沒有意思。

原本她和先生都為此感到痛苦，甚至想要移民，但是她在和我談話後，生命開始進入另外一個層面，能夠開始面對兒子過世的事。曾有長達十年的時間，她並沒有真正地去面對喪子之痛，只是把它埋藏起來而已，直到救災時勾起往事，才開始真正的去面對，生命也才開始有了轉折。雖然她在前面的十年隱藏傷痛，但是這對她的人生歷程還是有幫助的，為什麼？雖然她終究還是要去面對生命的創傷，但至少讓她堅強地過了十年。

所以，生命的歷程就像剝洋蔥一樣，在剝的時候，辣得眼睛一直不停地掉眼淚，可是從那個辛辣裡，看到了洋蔥的新鮮。面對中年，我們最大的資糧是因為我們走過人生前半段的歷程，最重要的是我們有勇氣去面對，在面對之後，把過去沒有處理好的，把它安置好了之後，就可以再往前走，此時才會發現中年是真的自由了。

　　當我們開始思考時，就會發現生命開始豐富起來了，因為很多時候，我們其實都不去看自己、不去聽自己、不去想自己，於是就覺得日子一天天地過，過完了就沒了；可是當我們開始想自己、開始看自己、開始聽自己時，才會發現原來自己走過這麼多的歷程，而且這些歷程在年輕時，快樂與否看似很重要，可是等到中年以後，就會發現快樂這件事情也就漸漸地不這麼重要了，而會開始想生命活到這個時候究竟是怎麼回事？還有什麼意義可以去創造，這些變成我們心目中關注的事。當我們的人生帶著這樣的思考，帶著這些省思，於是生命開始產生不一樣的變化。

給中年的你

- 觀察自己步入中年的身心狀況，產生什麼改變？
- 進入中年後，心態上如何調整？
- 當對生命的疑問冒出來時，該怎麼做？

Chapter 2

尋找
生命的出口

軟化世故的心

　　在中年以前，我們像在爬坡一樣；爬坡的過程當中，不管自己願不願意，社會規範就是推著我們往前走，順從框架走。在我們努力爬坡的過程當中，只為了讓自己擁有生活中的位置，一直不停地努力。

　　事實上，每個人擁有的各自不同，然後從「所擁有的」當中，創造自己的價值與意義，因此有所謂的「五子登科」：妻子、兒子、房子、車子、銀子。可是一旦擁有了以後，就會出現另一個問題，就是「害怕失去」。在擁有之後，因為我們的不安全感在作祟，所以還想要得到更多。

❧ 努力擁有與害怕失去共生

「努力擁有」與「害怕失去」是共生的，因為人到了中年，擁有的東西可以告慰自己：「我擁有財富、名望、地位……。」讓人覺得前半生的努力沒有白費，換句話說，這些擁有是為自己爭取到了生存的位置。

等到中年時，「害怕失去」的心情也會開始明顯。為什麼？在害怕失去裡，有怕老、怕病，尤其怕孩子自立離開等問題，但我們不敢說出口，因為心裡明白孩子有孩子的前程，本來就會離開我們。因此，有些研究中年心理的書籍，都會提到空巢期和中年危機。不過，如果是因為空巢期造成的中年危機，只是一種現象，並不構成危機。

我們常以為擁有之後，這些東西是永恆不變的，事實卻不然。當我們以為擁有的一切不會失去時，一旦失去了，那真的讓人很心痛，足以讓我們的世界崩解，例如喪子之痛或喪偶之痛，那是非常難以承受的痛苦。另外，人到中年，最容易面臨的是父母身體衰老、生病，甚至亡故，這些在在都提醒我們：「擁有的終究會失去。」

　　在前半段的人生裡，我們在「努力擁有」的同時，很容易與「我」的意義、價值與永恆畫上等號。而「擁有後的失去」對中年人來講，是一個非常重要的經驗。在我們人生前半段，曾不停地希望爭取到的東西、抓在手上的東西，結果到了中年，會經驗到這些東西從手上溜走，這也是中年不得不面對的「改變」。

🍀 抓住青春尾巴的防衛機制

　　心理學有種機制稱為「防衛」，所謂的防衛其實就是保護。人們為了要讓自己的擁有能夠一直持續下去，於是衍生出各式各樣保護自己的方式。例如臉上有了皺紋，去微整形，這就是保護，保護自己能夠持續擁有青春，這就是為何會有「抓住青春的尾巴」之說。其實我們想要抓住的，不只是青春而已，是想保護自己擁有的一切，這是一種自然而然的反應。

　　然而在保護的過程中，我們無法避免失去，這實在令人感到害怕，因為我們會發現，「努力之後的擁有」不見了。此時我們會懷疑：「我的努力是為什麼？我的意義在哪裡？我的價值又為了什麼？」所以我們會為了要保有自

己所擁有的，開始防衛或保護。最常見也最簡單的保護，就是從外表下手，例如美容、瘦身、養生等。

外在的保護是我們較能輕易做到的，但是內心的保護卻是最困難的，因為長期以來，我們都以為擁有是不會改變的，為了保護「擁有不會變」這件事，我們的心就會開始變硬，給人「鐵石心腸」、「不為所動」的感覺，事實上，這是長期保護下來，我們的心最大的一個損失。為什麼？

我小時候有過類似的經驗，只要看到有人乞討，心裡就會覺得他們很可憐，盡我所能給予。長大後，因為我本身學心理學，加上在社會工作系任教，讓我思考到社會上會有乞討的人，是因為我們的社會不夠公平，要想辦法解決，譬如透過社會政策與立法、改善社會環境等方法，讓所有人得到公平正義。站在個人的立場上，人世間有這麼多不平等的事情，不是我個人的責任，而是所有人的責任。於是當我再看到乞討的人時，想法就不一樣了，認為社會之所以會有這麼多可憐的人，都是因為我們的政府不夠盡力，開始將責任從自己身上改放到環境上去。

🍀 失去了赤子之心

因此，我以前看到乞討的人會掉眼淚，後來我不會了，然後開始出現指責，指責社會環境不夠公平，不夠正義。等到我開始工作，有人告訴我那些乞討團體背後都有組織，藉由苦肉計讓他們爭取到一個生存空間。當我聽到這樣的訊息時，我的指責不再只是外在環境，還包括那些用心不良的人，在這個過程中，我漸漸地失去了赤子之心，心變硬之後，是不會掉眼淚的。

有一次，我向一個老人家買烙餅，那個老人家頭髮已經都花白了，我問他：「都已經晚上九點了，怎麼還沒休息？」他回答說：「因為烙餅還沒有賣完。」因此，我就一口氣把全部烙餅都買下。買完後，我走在路上，心裡驚訝地想著：「我的心何時又變軟了？」

這樣的提醒或覺察，讓我發現，當我們開始努力往社會規範的成功方向邁進時，我們的心並不是不受影響，可是為了讓自己能夠全力以赴往這個方向走，會慢慢將周邊干擾因素排除，保護自己可以往社會規範的方向繼續走，避免走岔。為了保護自己能夠往前走，我們內心柔軟的部分，就漸漸地變硬了。

　　我們覺得社會、職場、人際關係都藏著凶險，有人甚至可能經驗過被出賣、被背叛、挫折、失望等，可是為了要讓自己能夠繼續往前走，有時我們會有「能袖手旁觀就絕不插手」的心態。於是我們的心就開始慢慢變硬了，這就是保護的結果，於是，「世故」這兩個字，就開始在我們的身旁蔓延開來，成為我們最好的保護與防衛。

中年單身，你快樂嗎？

中年單身，壓力不小，除了必須承受來自外在的社會觀感，還有自己內在的孤單感。尤其如果尚在適婚年齡，壓力更大，所以要走過這個「不婚」的歷程，真不是一件容易的事。

面對單身事實，記得要誠實問問自己，單身是自己選擇的還是被迫的？這並沒有固定答案，可能被迫跟選擇是同時發生的。不管這個答案有多少成分是自己選擇，有多少成分是被迫的，兩種比例是變動的。

透過簡單幾個問題，可以幫助我們了解自己是不是快樂的單身貴族，當答案是篤定的，你將是一個滿足的單身中年。

☐ 單身是「自願」還是「被迫」的？

☐ 常常覺得很孤單，對感情仍有濃厚的渴望？

☐ 羨慕別人有家庭，有配偶與小孩的牽絆？

☐ 除了同事外，還有知心好友可分享生活點滴？

☐ 除了工作外，還積極參與社團或公益？

☐ 是否擁有自己的興趣？是否培養長期的嗜好？

☐ 是否有堅定的信仰？

中年的感情出口

　　通常心硬久了，其實很容易讓人疲累，心累了以後，我們卻仍期待外力能夠來幫助自己把心變柔軟，用什麼方式最快？答案應是情感。這種期待在夫妻關係裡，也是最容易發生「外遇」的原因。

❧ 夫妻關係的矛盾

　　夫妻關係在人生前半階段，被柴米油鹽醬醋茶、奶瓶、尿片、學費、孩子的未來等占據了。當夫妻關係被這些東西占據時，有一個好處就是「你」與「我」之間的矛盾不見了，因為「我們」有共同的目標，需要同心協力把孩子拉拔長大，把家庭建構完成，然後也努力讓自己一直不停地擁有，於是夫妻之間的矛盾不見了，可

是那個矛盾有沒有真的消失？沒有。

　　夫妻之間的矛盾本來就一直存在，為什麼？因為他們是兩個不同的個體，而且男性與女性本來就有很大的差異。在夫妻關係裡，矛盾不只是男女大不同而已，還有一個就是「心目中的那個人」跟「真實的這個人」大不同，這麼多的不同夾雜在一起，兩個人要在一個屋簷下生活，能不吵架嗎？能不翻臉嗎？

　　家庭是很好的修行道場，關鍵在於如何在這樣的關係裡看出自己心目中的理想伴侶，和真實生活裡面的理想伴侶是不一樣的；並且明白自己將心目中的理想伴侶形象框在另一半身上，其實是不公平的，要回過頭來接受自己的伴侶，知道他到底是個什麼樣的人？可是說實話，大部分的婚姻很少有這種重新思考的機會，什麼時候機會才會出現？就是中年。

　　人到中年後，不必天天忙著柴米油鹽醬醋茶，孩子可能也離家了，夫妻之間的矛盾便顯現出來了，大不同整個被凸顯出來。如果我們的心在這時變硬了，又沒機會開始讓它軟化的話，麻煩就來了。因為在前面的階段，我們的心變硬了，而且人也累了。

❦ 心裡住了一個小孩

　　處於人生不同的位置，就有不同的抱怨，也就是說在人的生命開始生長、生存的過程中，我們心裡都一直期待自己是獨一無二，擁有全天下無條件地對待，可是沒有一個人會如願的。因此我們心裡面總是住了一個小孩，期待別人重視他，期待別人看見他，期待別人愛他。

　　「內在小孩」的期待其實不容易被滿足，甚至根本不可能得到，於是他心裡就一直在期待著。這個小孩一直跟著我們，有些人的內在小孩會漸漸長大，有些人的內在小孩永遠停留在小孩的狀態，意味著心裡總是帶著那種渴望被看見、渴望被肯定、渴望有人愛。

　　很多人都會講一句話，真希望自己不要長大，因為這意味著可以不要付太多的責任，並且可以滿足心裡的需求。很多人心裡都有這麼一個小孩，在我們壯年時，或是談戀愛時，特別是找到另一半時，那個小孩其實就多了一次滿足的機會，但是在這樣的一個親密關係裡，是不是就可以真的得到滿足呢？

　　很可惜的是，在我們的婚姻關係裡，能夠讓人滿足的有限，所以等到中年時，這個內在小孩又冒出頭來提

醒我們：「我的愛呢？我的重視呢？我的肯定呢？」這時會變成一個兩難的狀況，所以為什麼會說是「中年危機」，那兩難裡就是夫妻關係的矛盾是必然存在的，等到進入中年，特別是空巢期時，夫妻關係的矛盾更容易浮上檯面，加上這時內在的小孩又開始跟我們要糖吃，於是很容易到外面去找糖吃，結果「小三」出現，外遇就發生了。

✤ 外遇證明青春還在？

在生命歷程當中，如果孤單寂寞像蟲一樣啃蝕我們的心，然後有一個對象讓我們覺得心可以鬆，心會覺得暖，這時我們非常容易往那個人靠過去。關於外遇，很多人會產生一種錯覺，認為有個「小三」表示自己還年輕，甚至藉此「抓住青春的尾巴」。

但是，這個小三或外遇不是真正的障礙，真正的障礙在哪裡？真正的障礙在自己內在的小孩，我們期待別人來撫慰那個內在的小孩，期待用外遇的方式來撫慰內在的小孩，以為這樣的對待，可以讓心變柔軟，以為這樣會讓我們內在的小孩得到愛、得到肯定、得到價值。

然而從心理學的角度來看，那是緣木求魚，所以中年也是人生離婚的高峰期。

職場上，有太多男男女女一起談心的機會，人與人之間能夠談得來，是發生外遇的基礎。一般人和配偶生了小孩以後，夫妻兩人就為養育孩子而忙著，反而無法靜下來談心，所以兩人世界就愈來愈貧乏。除非夫妻間有共同的默契，讓生命維持品質良好的狀態，可以不受家庭生活種種心煩的事影響。畢竟太太與外面的小三相比，小三總是穿得漂漂亮亮地對自己噓寒問暖，家裡的那位則只會不停要求分擔家務，所以人心很容易就在這裡迷失掉了。

所有的人都會說小三是公害，可是小三有小三的苦楚，元配有元配的苦楚，那個夾在中間的人也有苦楚，可是偏偏就想自討苦吃，這時只能靠心的覺察。要看見自己心的走向，願意誠實面對自己在過去關係裡的情況，才有可能解套。

☘ 中年男性的孤立與孤單

社會給予男性比較多的責任，所以男性的成功壓力

可能比女性還更高一些，也因為男性需要在外工作養家活口，與家人相處時間較少，所以和家庭的關係會比較疏離，很多的家庭都是這樣。男性處於成功壓力下，拚命想辦法讓自己成功，美其名是盡一個男人的責任，其實現在很多雙薪家庭，女性賺的錢比男性多。面對這樣的壓力，當他遇到小三，心便容易跟著跑了。

因為男性和家庭關係的疏遠，和家人連結的關係太少，少到他回到家裡時，反而會感到孤單、寂寞，甚至是做一個高高在上的父親，心裡也是很苦悶的。當男性和家庭關係的連結變得只有角色關係，沒有人的關係時，他的這個「人」是處於孤立的狀態，一個孤立的先生、一個孤立的父親、一個孤立的男性。等到中年時，不只他的人累了，連心也累了，所以當有讓他覺得溫暖的新關係出現時，他的心就往那裡跑了。

從這樣的角度綜合來看時，男性如果發生外遇值不值得被原諒？可以說是值得，也可以說是不值得。值得原諒的是什麼？從這個角度來看，會發現原來他是受害者。可是不值得原諒的是什麼？這個受害者把所有人都變成受害者了。這件事不是一個絕對對、絕對錯的事，

而是一個大家要共同面對的事，如果堅持一定要分你對我錯時，就會發現事情無解。

❧ 中年女性開創新天地

　　現代女性到了中年階段，容易有特別高的離婚率，這是因為她們覺得人生前半段都在犧牲自己，所以想要離開自我犧牲的場域，去開創屬於自己的天地。她們認為人生前面階段的犧牲是為別人而活，所以到了後面的階段要為自己而活，這其中有一個很重要的心理轉折。假設我們能夠看到前面的階段不只是為別人，也是為自己時，就會發現離婚不過是為了爭取自己的空間，如果沒有其他的因素加入，那麼離婚的理由就消失了，這是一個轉念的問題。

　　過去受到整個社會因素的影響，有些女性的生命歷程有點坎坷，但時至今日，現代女性愈來愈有能力爭取自己的生活方式與生存空間，所以很多女性選擇不婚，她們怕受到婚姻與家庭的束縛，沒辦法擁有自己。除去整個社會風俗的影響之外，我覺得女性在這個過程中，創造了一個非常重要的價值與意義，只是這個價值與意

義並沒有真正地被點出與認可，於是女性會把它視之為犧牲，所以這是一個轉念的問題。女性要如何在婚姻中將原來認為是犧牲、奉獻的事，將它轉變為願意、想要的付出。

我有一個學生最近要結婚了，她對「結婚」顯得很忐忑不安，我給她的建議就是「認了吧！」，這個「認了」的意思就是今天是自己想要與願意結婚的，如果念頭能夠轉過來，就不會像父母輩總覺得是半推半就的，例如母親常會說：「我是被你父親騙來的。」今天當一個人面對婚姻時，抱持的心態不是犧牲，而是自己願意的，此時婚姻的價值與意義就比較容易顯現。

❧ 抓住青春的尾巴的代價

人到中年會想要抓住青春的尾巴，背後的真正原因是為了要撫慰自己，讓自己的心變軟。可是抓住青春的尾巴是要付出代價的，這個代價常常會讓人的心反而變得更硬，甚至讓人更傷心，要花更大的力氣去保護，於是就喪失了機會去真真實實地面對自己的脆弱。人在中年的時候是脆弱的，因為覺得自己人老色衰，沒人要

了；心裡明明希望受到別人關愛，可是又說不出口，害
怕被取笑，於是內在的小孩便開始掉眼淚，掉眼淚其實
就是自憐。

　　我有一位朋友，她與她的先生是青梅竹馬，兩個
人婚後生了小孩，日子過得不錯，孩子也都有不錯的發
展，看起來是一個很安穩的家庭，先生卻有了外遇，並
且與「小三」同居。雖然她那時很哀傷，但她幸好開始
學佛了。

　　後來她的先生得了癌症，沒想到小三就和他分手，
所以她把先生接回家照顧。我認為她也未免太過慈悲為
懷了吧！結果她向我說，在學佛的這段期間，她看清了
人的緣分到底是怎麼一回事，她想在行有餘力的情況
下，讓自己與先生的緣分善了。她開始照顧先生，讓他
可以安心過世。我問她如何轉換自己的心念，她說由於
兩家是世交，從小又是青梅竹馬，所以覺得兩個人的婚
姻關係是一件理所當然的事，婚後就是理所當然地過日
子。這個理所當然的生活態度，雖然先生有他的過失，
可是自己也有過失。聽到這樣的說法，讓我覺得非常了
不起，因為在我的工作裡，大多數時候所聽到的都是

會指責對方的不是。後來我也問她是怎麼發現的,她說在學佛的過程中,當她開始把心回到自己身上,會常常思考問題,而不會把事情壓下去、不去管它,她有時會想到底發生了什麼事?當她這麼想的時候,心也就漸漸地回到自己身上,然後看到自己是怎樣的人。後來她回想,其實有很多時候,並沒有真正地關心先生;若婚姻是道場,她說只能夠修自己的部分,不能去要求對方。在辦完她先生的後事,我問她,是否覺得與先生善了?她說應該善了了,因為她先生在最後這個關口時,向她說了一句話,讓她覺得很值得,她先生向她說:「幸好這一輩子有她。」

　　這是一個圓滿的故事,可是在這個圓滿的故事裡,之所以可以變成圓滿,我覺得是因為我的朋友在這個傷痛失落的過程裡,真正面對自己的問題,認真地看清自己。對於認識自己這件事情,我們從年輕就開始做了,可是看清自己這件事,要到了中年時,才比較容易做到。

給中年的你

- 人到中年，是否覺得自己很世故？

- 如何拒絕外遇的誘惑？

- 你覺察到內心住了一個小孩嗎？聽聽你的內在小孩的
  聲音。

善待內在的小孩

　　人的臉上有兩條法令紋，面相上說紋路愈深，代表愈有權威。我對於這個說法是存疑的，我們前半生的努力所要爭取的權威，是為了什麼呢？以致於我們進入中年以後，讓別人從我們臉上便可感受到，這權威來自於哪裡呢？來自於可能擁有財富、地位、影響力等。以我為例，別人習慣稱呼我「楊教授」，其實這樣的稱呼蘊含的是一個人的權威，當人擁有的愈多，他的權威會愈高。

　　為什麼人要有權威呢？因為可以藉此肯定自己，肯定自己這一生沒有白活。但真的如此嗎？這又回到之前的問題——努力擁有與害怕失去。這情形就像是輪迴，人因為害怕失去，所以不停地保護自己的擁有；為了保

護自己的擁有，所以要保護自己；當保護自己時，心就愈變愈硬；心愈變愈硬時，權威感就出來了，此時又回到了一個為別人而活的框架裡。

　　從世俗的角度來看擁有的財富、地位、名聲等，的確有其價值，可是如果到了中年還抓著這些，就是還在輪迴中。如果想要打破輪迴，該怎麼做呢？可以從覺察「保護自己」著手。「保護自己」是一種習性，所以要開始看見自己的保護，認清自己的擁有是不可依賴的，但不可否認，這不是一件容易的事。

覺察保護自己

　　當我們要去覺察這樣的輪迴，在一個自我保護的過程中，要切入是不容易的。我們的前半生花在拚命奮鬥，沒有餘力去察覺輪迴，也喪失機會去打破輪迴。當我們步入中年，發現自己變老時，尤其對女性來說，開始要美容保養，那就是一個覺察的開始：「原來我老了，我需要妝點一下門面，讓自己看起來比較年輕。」對男士而言，我們發現他們西裝筆挺，抬頭挺胸，走起路來虎虎生風時，會覺得自己很有價值，因為在意別人

的眼光，藉由保護自己來告訴別人，自己還很年輕、很
有價值。

　　十幾年前，我家對面有兩棟玻璃帷幕的老建築，建
築的對面有一家咖啡廳，裡面的陳設有一排面對馬路的
桌椅，既可以看到窗戶外的林蔭大道，也可以穿過林蔭
大道看到整片玻璃帷幕牆。有段時間因為要寫文章，我
常在咖啡廳書寫，面對那個林蔭大道，還有對面的玻璃
帷幕牆，三不五時就會看到同樣的現象：有人經過玻璃
帷幕牆時左顧右盼，看到周圍沒有人，就把身子轉向像
鏡子般的帷幕，趕快撥弄頭髮，再繼續走。我發現行人
如此做的頻率很高，甚至兩個人一起時，不約而同都會
出現這樣的舉動。

　　這件事其實在告訴我們，自我保護是在一個很隱密
的狀況下進行的，不希望讓別人知道，這時他的保護才
會奏效。

　　很多覺察是從細微處開始，如果有朋友對我說心情
不好、有憂鬱症，我通常都會問他：「什麼時候會感到
憂鬱啊？」很多人常回答說自己也不知道，心情就這樣
低落下來了；我接著問說：「多久會出現一次這樣的低

潮？」有的人並沒有察覺。

我們在前半生去追求自己擁有的過程中，在害怕失去的同時，其實對自己為什麼變成這樣都不關心，只關心是否得到別人的認同和符合社會期待。當有人說要好好善待自己時，通常會去喝下午茶，去買一些昂貴的物品，或出國去玩，藉由犒賞自己而覺得那就是善待自己的方法。我們很少去選擇覺察自己的一些很細微的部分，當作善待自己的方法。

如果想要擁有美好的中年或老年，我們必須要把這個觀念稍微轉化一下，真正的善待自己，是要從覺察自己的細微開始。因為那些才是要開始讓自己找到縫隙，跳脫以往的窠臼，去改變原來的輪迴的切入點。此時，很多人會從一些過往的傷痛開始，覺得自己某些關係是失落的，甚至是傷痛的，一生沒有什麼太大的成就，生命也沒有足以讓自己自豪之處，愈活愈不快樂；反而是什麼人對不起自己、什麼事情虧待了自己等，類似這種事情會占據我們大部分的想法。

❧ 讓心變軟的方法

要從傷痛處著手是困難的，雖然它是一個很好的入口。不過，我還是建議從覺察自己平常比較細微的行為反應著手，才會漸漸地剷除自己的煩惱起伏，否則，是硬轉不過來的。我們要學習讓心變得不要那麼硬，可以從覺察日常行為做起，目的是在讓心慢慢地變軟，才真的能夠轉化。

如何讓心變軟呢？覺察自己的日常行為有一個重要的原則，就是把心從外面拉回自己身上。比如我們會注意到自己用了很多的保養品，一年的收入裡有多少錢是花在保養品上的。會開始覺察自己怎麼了，為什麼不能夠一步一步地走呢？心在著急什麼？然後我們開始覺察，不是去數自己的白頭髮多了多少，而是漸漸地看見造成自己白頭髮的原因，以及自己的臉和以前有什麼不一樣。

在這些細微的覺察過程裡，我們和自己的對話，會漸漸地形成一種習慣，這個習慣和前半段的生命對話是不一樣的，前期的對話常常是日常生活瑣事，例如家裡的錢夠不夠用、要不要買車等，都在這種生活事務上打

轉。雖然每天都要面對這些生活壓力問題，可是可以分出一份心思，開始與自己的變化去對話，並慢慢地形成一個覺察的能力，而且這對話是不帶著批判的，發現愈多、覺察愈多時，心一點一滴開始變軟了，想要保護自己的這種習性漸漸地開始翻轉。

這種轉化是一個非常漫長的過程，在這個漫長的過程中，我會建議人們在日常生活裡，開始建立這樣的一個覺察的基礎。

🍀 面對自己，覺察自己

我們心裡常常會有一些傷痛，強烈的如喪子之痛，輕微一點的如曾經被人出賣過或被人家誤解過，這些都會在心裡留下陰影。如何處理內心的創傷，覺察是一個重要的關鍵，如聖嚴法師所說的「面對它」。事實上，也就是面對自己，當開始覺察自己時，就已經漸漸地開始走向面對自己的路。不過，在面對自己時，自己會和自己玩把戲，找到各式各樣的藉口，覺得自己好像面對了，可是事實上，當再一次受到挑戰時，就發現自己根本沒去面對。

　　我以前有一位助理，有時候我會提醒他事情要怎麼處理，這位助理很聰明，總是說他知道了。雖然我看他並沒有按照我的提醒去處理，但我心想反正把事情做好就好了，所以也不追問。可是隔一陣子，同樣的問題又發生了，我又再一次提醒他，結果還是一樣。有一次他吃到苦頭了，才終於聽進我的話，照著我的提醒去做，終於完成工作了。事後，他告訴我，兩年前我雖然曾向他提醒過，不過他到現在才真的發現自己沒有聽懂。人在面對自己的世界時，習慣依自己的脈絡前進，也就是前述的輪迴，這種輪迴非常堅固，要讓自己的心從那個階段慢慢地轉出來，其實難度很高。

　　人的中年其實是很長的，尤其現代醫學科技發達，讓人的壽命一直延長，中年期就因此增長。假設四十到六十五歲是中年階段，我們的中年會長達二十五年之久。用二十五年來做一個覺察的工夫，也許太過費工夫，可是六十五歲之後的日子是否好過，就要看之前下了多少工夫。在覺察上下工夫，很多人都沒有耐心，還是會來來回回；所謂的來來回回就是一不小心就回到了前面的狀態，又落入框架中，然後就會發現傷痛的依然

痛，然後煩惱依舊在。覺察煩惱的工夫，是滴水穿石，
需要每天做的，如果工夫下足了，就會發現有些煩惱會
慢慢轉變，為什麼？因為最重要的是在滴水穿石的過程
中，心開始柔軟了。

🍀 抓住青春的不同解讀

　　至於所謂「抓住青春的尾巴」，我有不一樣的解
讀。青春，對我們來說是一個夢，「留住青春」也是一
個夢，可是到了中年，青春仍然有意義，這個意義來自
於「看見自己在青春時是怎麼走過來的，然後變成現在
的樣子」，這樣的「看清」就是抓住青春的尾巴，對很
多人應該不陌生，只是與我們原來的解讀很不一樣。在
看清自己的過程裡，還包括了看到自己內在的小孩，有
這麼多的渴望，有這麼多的不滿足，甚至內在的小孩曾
經哭過、曾經失落，覺得這個世界虧待他。

　　當我們覺察自己，開始接觸到自己內在小孩時，
記得不要敷衍他，而是很認真地看著他、擁抱他、接納
他，甚至陪伴他，這時硬邦邦的心，會漸漸地柔軟。

　　有一個中年朋友向我談起他的內在小孩，我問他如

何對待自己內在的小孩？他告訴我，他的內在小孩是一個穿著短褲的男生。他覺得他的內在小孩很可憐，總是得不到愛，所以他就抱抱他、拍拍他。我對他說：「你以為這樣做就夠了，其實是不夠的。下次如果再看到他時，你不能夠只是拍拍他、抱抱他。」他問我：「為什麼？」我說：「前面那個動作是敷衍，我們常常做這種事，看到可憐的人，就拍拍他，勸他不要哭了，以為這是一種安慰。不是！這是敷衍。沒有認真地看到了、聽到了內在小孩的不滿足，然後把它接受下來。內在的小孩是那麼地渴望，你可以好好地善待他，他是那麼地渴望你知道他的存在，承認他是個小孩，並且知道你願意好好地對待他。」

　　接觸自己內在世界，其實是一個柔軟心的開始，如果曾經歷過很多的傷痛、挫折，這些回憶可能都藏在那個內在小孩身上，可是現在我們可以重新把它打包起來，用很正面、不閃躲的態度，面對這樣一個內在小孩，他才能夠真正得到滋潤，那個小孩的脆弱才會慢慢地被滋養，於是人的自我肯定才會真正地出現。

Chapter 3

中年的你，
夠誠實嗎？

中年的誠實功課

　　我們的心要從堅硬慢慢變得柔軟，覺察與認識自己
內在小孩的工夫都很重要，但要開始下工夫之前，有一
個困難需要突破，就是「誠實」。

　　活在世界上，很多事物是我們自己逐漸「建構」起
來的，可是這個建構的世界與我們內在的世界之間，可
能是有距離的。所以當我們要開始面對與了解自己，自
問真的了解自己嗎？答案卻未必肯定，只是每個人都處
於一個自己「認為」的狀態下。

❧ 誠實與疑惑並存

　　我們在前面的生命經驗裡，累積了太多的東西，前面
提到所謂「內在的小孩」，只是一個統稱，代表了自己內

在的世界。我們內在的世界裡究竟裝了些什麼？到底是什
麼面貌？在中年以前，我們可能比較不會真實去面對，因
為那時我們還活在整個社會所賦予的框架裡。可是到了中
年，我們的心裡那個疑惑的聲音會愈來愈大。

誠實與疑惑是同時並存的。當疑惑愈大時，希望誠
實或期待誠實的心，可能就會愈強烈。但「誠實」對很
多人來說，其實是有點不堪的。

為什麼不堪呢？舉例來說，當我的孩子們還小時，
我有時會因趕時間而抓著孩子的手闖紅燈穿越馬路，但
我也叮嚀他們，只有我帶他們走時才可以這樣，不然違
規是很危險的事。有一次，女兒就問我，告示牌明明寫
著「禁止跨越」，為什麼我們還要穿越呢？我故意不理
她，假裝沒聽見就混過去了。

我們會發現，對於這種生活點點滴滴的小事，大家
都習以為常。還有所謂的善意的謊言，明明是謊言，卻
加個「善意」，其實就是為了要不讓對方覺得煩惱，於
是我們才撒了謊。對別人撒謊，自己很容易原諒自己，
除非是別人不放過我們，不然，自己絕對會矇混過去不
管的。

✿ 單身中年的壓力

另外，如何誠實面對單身中年與單親中年，也是中年的一大課題。中年未婚的人，心裡一定走過一大段歷程，別人的眼光給予自己壓力，一直到自己可以慢慢克服內在世界的壓力。中年單身必須承受來自外在的社會觀感，以及自己內在的孤單感。

可是，我們也會發現一件有趣的事，已婚者都羨慕單身的人，單身者卻羨慕結婚的人，這就是人性吧！單身者不但要面對自己是孤單一個人的事實，還要面對外在環境對他的眼光，壓力更是龐大，所以要走過這個歷程不是一件容易的事。

不過，單身中年在面對單身事實的過程中，有時如果誠實地問問自己，單身是被迫的？還是自己選擇的？這其實並沒有固定答案，可能被迫跟選擇是同時並行的。不管答案有多少成分是自己選擇的，有多少成分是被迫的，當人覺得孤寂時，這兩種的比例會變動。

因為當自己覺得寂寞時，心裡不舒服、不平衡的感覺、被迫的感覺，會開始慢慢地升高。換另一種情形，如果在聚會上其他人正好被一些孩子或家裡的事纏得頭

昏腦脹而羨慕單身者時，此時會發現自己選擇的想法就開始升高了。因此，這是一個很微妙的過程。

🍀 誠實就從外表做起

誠實，不是靜止不動的狀態。對自己誠實是矛盾的，有時是因為心情不好，不管怎麼樣，這樣的一個變動性的誠實，對我們來說是重要的。因為當它出現時，會搭著覺察而開始產生作用，知道這樣的一種作用，是我們在面對自己時，一個非常重要的著力點。

面對自己中年發胖時，需不需要誠實？雖然我們不那麼樂意接納發胖的事實，可是，當我們願意去接受時，就會想辦法改善；相反地，如果自暴自棄的話，不去正視自己中年發福，身材就會愈來愈走樣。

同樣，在面對自己的皺紋出現時，需不需要誠實？我有一次碰到一位十多年不見的男士，我真的大感驚訝，因為他的外貌一點都沒變。我忍不住問他為何臉上居然連一條皺紋都沒有，原來他去打玻尿酸。這表示男性在面對容貌衰老時，也是會在意的，無法誠實面對老去的事實。

　　人希望年輕，讓自己維持良好的身材，除了健康的理由之外，也會讓我們在面對衰老時有危機。為什麼？這又是一個矛盾的現象，人們要想辦法讓自己維持年輕、體態、體力等，可是人終究會老。所以這兩條軌道是並行的，我們努力防老，可是還是會老，等到防不了時，才會回頭誠實面對「人終將會老」的事實。

　　在誠實的功課裡，還有面對自己過往心裡過不去的事。中年人應該比青壯年時期能夠捫心自問的時間稍微多一點，於是過往心裡過不去的事，在這時也會慢慢地浮現。面對這些以往心裡頭過不去的事，有時會有一點困難。

給中年的自己打分數

我們在家庭、職場乃至所屬的團體中，都扮演著不同的角色。你對自己在不同角色的表現滿意嗎？不妨利用這個小測驗，練習給自己的「角色扮演」打分數，回頭檢視自己是否符合不同的角色期待，也看看自己在各個角色上還有什麼進步空間？

步驟 1：將自己從出生到現在所扮演的角色一一寫下來。例如：兒子、長孫、學生、班長、男朋友、先生、爸爸……。

步驟 2：為各個角色打分數，並加上形容詞。分數從 0 ～ 10 分，分數愈多表示滿意程度愈高。

步驟 3：打完分數後，問問自己為何給這樣的分數。

步驟 4：從分數中了解角色對自己的意義，問問自己還想多做些什麼改變，或還能怎麼努力改善，例如在「兒子」這一角色上，只給了 6 分，為什麼？自己還想進步到幾分？要怎樣做？

範例：

角色	分數	形容詞	補充
兒子	5	家中的開心果	應該更孝順
長孫	6	長輩的金孫	
學生	7	成績很好	
員工	8	認真、負責	
主管	9	充分授權	

放下過不去的過去

　　何謂心中過不去的事？為何誠實面對自己的難度會如此高呢？我舉幾個故事，幫助大家了解。

　　故事的主角是我的高中同學，她是很有才華的女性，大學畢業不久就結婚了，她和先生可說是郎才女貌，可是不久就聽說離婚了。我的同學個性很剛強，離婚對她來說是一件很煎熬的事，所以在自己過不了自己的情緒關口時，就帶著孩子到美國去。

　　在她身心俱疲時，碰到了第二任先生，她先生待她與女兒非常好，夫妻兩人感情也非常好。可是第一次失敗的婚姻給她很大打擊，她心裡過不去自己這一關，幸好她第二任先生非常寬容，能夠善待她。

　　可是，在她第二次婚姻之後不久，就發現得了癌

症，所以她後來學習禪坐幫助自己安心。雖然她的病情控制得不錯，孩子上大學了，第二任先生對她很好，讓她不必牽掛家庭，但是她還是覺得心裡空空的。

🍀 放下心中的過不去

當她告訴我她的故事時，那天聖嚴師父正好在紐約東初禪寺，我問她：「妳想皈依成為佛教徒嗎？」她回答說：「想。」於是她與先生便一起皈依聖嚴法師，後來經常到東初禪寺參加活動。她為此還特別打電話感謝我，告訴我自從皈依後，日子過得很平安，心裡過得很踏實，讓她可以慢慢地面對過去不平安的狀況。

雖然在通電話之後不到幾個月，她就往生了。但是她女兒在電話裡告訴我，媽媽在過世之前，交代她一定要轉告我，她在皈依後的日子過得非常好，這一輩子從來沒有過得這麼心安理得。這位同學整個生命歷程，由於曾有太多讓她心裡過不去的事，所以身體也一直受到折磨。她為了治療癌症，至少動了十幾次手術，她就在這個過程中，用她的生命跟自己心裡過不去的事格鬥。幸好，格鬥到最後，她真正可以跟自己和解的原因，是

她的心安了。

　　後來在開同學會時，同學們告訴我說她在去世前兩年和大家的相處方式改變了，只要有活動都很想要來參加，而在這之前，她從來不跟任何同學聯絡。這件事讓我明白，原來一個人在年輕時，心裡若有過不去的事，會讓後半輩子一直飽受折磨。她在皈依後，開始放過自己，誠實面對自己曾經有過的婚姻失敗經驗，人生才終於進入到了另外一個階段。

　　我們整個社會所期待的，就是人不能失敗，要一直往前走，一定要成功，並且要交出漂亮的成績單。可是人生當中，不可能沒有失敗經驗，重點是如何看待自己的失敗，以及看到自己心裡過不去的事。

　　有些人可以把失敗經驗放下來，有些人可以把它壓下去，有些人可以裝作沒看見，雖然也有些人真的可以和它相處，可是這樣的人很少，大部分的人，對於自己的失敗，是耿耿於懷的。雖然大部分的人是把失敗經驗耿耿於懷壓抑下去，但是到了中年時，需要誠實面對曾經有過的挫折、失敗，以及曾經讓自己心裡過不去的事，這些事都必須拿出來看一看。

❀ 誠實之後才能接納

　　人到中年，回頭來看內在的小孩，這個內在小孩可能在小時候或年輕時，就一直存在著。可是他永遠是小孩，沒有機會長大，於是當挫折來時，我們是與內在小孩一起承受失敗與挫折。內在的小孩心裡的需求與渴望從哪來呢？其實是從壓抑挫敗的過程當中產生的。我們的心裡都有那個非常脆弱的內在小孩，即使活到中年了，內在小孩還是始終存在著，沒有長大。

　　當我們重新去回想過去的失敗經驗時，究竟是以「當年那個小孩」來面對，還是「現在這個中年人」呢？如果用當年的那個小孩去面對，就會發現一直在輪迴裡，懊惱、挫折、生氣、害怕重複在翻騰。可是，如果我們發現，那個小孩是小時候的我們，但我們現在已經中年了，人生都走了一半，面對這些挫敗、不如意，不能還用小孩子的方式，我們會發現，那個內在的小孩驟然之間就長大了許多，因為人幾十年的歲月不會虛度，在保護自己的過程當中，我們也練就了一身工夫。

　　所以，當別人說我們胖時，有沒有辦法稍微轉一下？「我們就是胖耶！胖又怎樣？哪個中年人不胖？」

同樣地，當有人說我們變老了或者皺紋怎麼那麼多？只要念頭一轉：「哪個中年人沒有皺紋？」就過去了。

　　這些內在的對話，非常需要自己去分辨，當我們要誠實面對自己的過往，請記得自己是個「中年人」，這是帶點自傲的，意味著「我們活到今天不是白活的」，歲月是我們的能量、資源、能力，此時再面對過往的傷痛、挫折時，會發現自己不是像小孩子那麼無力，即使那個小孩仍然在渴求、期待，可是這個中年人是可以撫慰這個小孩的，是可以好好善待他的，甚至與這個小孩有一些貼心的對話，這個內在的小孩是我們要去滋養的。

❧ 不再自圓其說

　　誠實是面對真正的自己，而非自圓其說。中年人自圓其說的能力好得不得了，因為已經練習幾十年，為自己的行為合理化，重點是到了中年，比起青壯年，中年人的速度會緩慢下來了，體力等生理狀況也都往下滑。人開始變慢，其實是一個縫隙，再加上放鬆一點時，會看見自己的自圓其說冒出來，會看見「自圓其說」也是一種模式，然後加上覺察的心，就會漸漸地看見自己的

把戲──自圓其說。

我們也許一次、兩次看不見，可是當「我是不是又再自圓其說」冒出三次、四次時，我們會開始懷疑：「為什麼這些念頭總是冒出來？」這時才會找到切入點，讓我們去看見「自圓其說」。所以這一切也是配合因緣，然後才能讓我們看見。

有些人的「自圓其說」比較是浮在行為的表層，例如外在的胖、瘦，這是比較容易看得見的。有些比較深層的「自圓其說」，是比較不容易看見與覺察，可是常伴隨著心裡的「過不去」，因為「自圓其說」常常只是來圓自己的「過不去」；所以當我們開始去面對自己過不去的那些事時，就會慢慢地發現自己比較深層的「自圓其說」是什麼。

例如如果自己是「小三」，做為一個小三，心裡一定也是走過一個歷程，可能經常自言自語：「我跟他沒有未來，不過就是交個朋友，即便是露水姻緣，也不會長久，那我幹嘛這麼認真呢？就得過且過吧！」一類的「自圓其說」，然後發現關係還斷不了，一直糾葛纏繞，尤其當要向外界隱瞞社會規範的不容許時，「自圓

其說」張力會更增強，因為周圍的關係都會開始緊張，在這樣的緊張關係裡，又要開始自圓其說，「反正我又沒有要圖他什麼東西；我也不過要尋求一個心理上或情感上的慰藉；我也沒有要他離婚，也不要他的財產！」此時這樣的「自圓其說」裡就會開始變成是：「每個人都有愛的權利啊！我愛我所愛有什麼不可以呢？」

　　這時候我們會發現又回到青少年時期「只要我喜歡有什麼不可以！」的自圓其說，再加上隨著外在環境的壓力，心的自圓其說就會開始一層又一層地開始保護自己。今天做為一個小三，在他或她的心裡一定有「過不去」，也常常會在一次又一次的自圓其說的過程中，偶爾冒一點「真的是這樣的」念頭，如果常冒出來時，就會開始問自己了：「這樣愛的關係是我要的嗎？」或是自問：「在這樣愛的關係裡讓我承受這麼大的心理壓力，是我要的嗎？」如果在小三的關係裡，是發生在年輕的狀態時，生理的荷爾蒙影響很大，可是等到中年以後的小三關係裡，荷爾蒙的作用沒那麼大了，會發現心裡的過不去會出現，正好是要開始去破除「自圓其說」的一個起點，這是屬於比較深層的自圓其說的方法。

　　不過，發現自己的「自圓其說」，最後還是會回到一個問題上：「我是誰？我是一個什麼樣的人？」人往往從發現「自圓其說」，切換到生命的核心，回到自己的初發心，這是一個通用的原則，這時的自圓其說就會自動化解了。

🍀 擁有真正的自己

　　到了中年，如果可以對自己誠實，然後就可以開始去悅納自己，例如我就是「單身」，還加個「貴族」兩個字；也可以告訴自己，我就是「單親」，雖然比別人少了一個配偶，可是我還有子女，我很辛苦，我一個人扮演兩個人的角色。雖然社會規範的框架常常是「結果論」，以成敗論英雄，可是到了中年會發現，我們是要以「過程」來面對自己擁有些什麼，這個擁有跟前面提到的擁有是意義不同的，我們會發現，我們擁有的，是自己可以真正掌握的。

給中年的你

- 面對問題的是內在的小孩還是中年的自己？

- 可以誠實面對自己，不再自圓其說嗎？

以多元角度解讀世界

　　在面對自己內心過不去的事情時，需要有勇氣，也就是要有勇氣提起來，去欣賞它，或者有勇氣提起來，用一個不一樣的角度去詮釋傷痛的生命經驗。家族治療大師薩提爾女士（Virginia Satir）曾說，曾經發生過的生命事件是不會改變的，可是可以改變的是「感覺」。舉一個簡單的比喻，有些胖子，胖得很樂觀；有些胖子卻胖得彆彆扭扭，這就是不一樣的角度啊！

　　一個生命經驗的過程，是任人解讀的。同樣的事在不同的人身上，為什麼會有不同的結果？因為心態不同。可是這不同的解讀又來自於哪裡呢？來自於他可以有不同的角度看待這件事。腦子裡能不能有不同的角度？這是最重要的關鍵點，當我們開始有不一樣的角度

看事情時，就會發現心情不像從前，感覺也會改變。

　　這就是為什麼如果單身加上「貴族」兩個字時，會讓人覺得好過很多；相反地，如果單身加上「公害」兩個字時，給人的感覺又完全不同，這取決於我們腦子裡對自己單身這件事的心態，那個自我價值感差別很大。

✿ 活得像菩薩一樣的女性

　　再拿重男輕女來說，這是我們傳統文化根深柢固的觀念，縱使女兒再貼心，再怎麼為家庭付出，也往往無法獲得與男性同等的對待，這是大多數人都有的經驗。

　　有位精神科醫師告訴我一個故事，故事女主角生長在一個重男輕女的環境。她因父母在她十幾歲時就過世，所以負起養育兩個弟弟的責任，非常辛苦工作地拉拔兩個弟弟，等到弟弟們完成學業開始就業了，她才為自己的人生做打算。她離開南部到北部找工作，重新求學，也不排斥相親，可是始終找不到合適的對象。

　　後來她檢查出罹患癌症，因為兩個弟弟都在大陸工作，所以她獨自到醫院接受治療。醫師發現她的個性非常特別，從來不提任何負面的想法，能夠正面看待所

有的事。可是這個醫師就他的職業敏感，要求會診精神科，因為他認為她面對致命的疾病時，態度還是這麼正面，似乎不太合常理。

精神科醫師與她會談時，因為她的時日不多了，所以想幫她的生命經驗做一個處理。當他問她如果可以回到二十歲，沒有家庭負擔，她最想要完成什麼事？她回答說，因為很喜歡看瓊瑤的小說，所以她覺得這一輩子的重要夢想，就是希望能夠談一場刻骨銘心的戀愛。醫師問：「那現在還有機會嗎？」她說：「這一輩子沒有機會了，不過有個夢想總比沒有好。」

醫師問到她辛苦帶大弟弟們的成長經驗，她覺得並沒有什麼，理所當然應該要代替父母照顧他們。醫師反問在她生病後，弟弟們為何都沒有照顧她？她說他們有需要做的事，而且他們的家庭與工作都不在臺灣，自己怎能夠因生病麻煩他們？所以醫師的結論為她是個很怕帶給別人麻煩的人，希望盡量幫助人。她聽了竟然回答：「這不就是一個人該做的事嗎？」

醫師聽到這樣的回答很心痛，因為他知道她的生命已經來日無多了，還是正面對待生命考驗，讓他不忍心

地說：「我覺得妳好像一個菩薩，都在幫別人的忙，別人哪裡有需求，就去哪裡幫忙，一直不停地付出。」結果她聽完這句話，淚流不止。隔了幾天，當醫師再要和她談話時，她已經往生了，讓醫師心裡好像有一件未完成的事一樣，心裡有很多的感觸。

對那位精神科醫師來說，有人的生命竟然是這樣過的，讓他不知道如何處理。我的想法是，因為那個病患是佛教徒，當醫師對她過往的生命經驗，用「菩薩」兩個字來做詮釋時，她原本撐得很辛苦的心，一下子放下了，所以才會淚流不止。事實上，她雖然一直正面看待自己的生命經驗，也把她的生命活力帶給周圍的人，可是她的心裡還是有苦楚的，否則當醫師稱她為菩薩，她不會淚流不止。

❀ 不同的解讀而有不同的人生

因此，誠實面對自己的人生之餘，可以用不同解釋角度去解讀生命時，又該如何真正打開自己的心，讓這些不同的解讀進入自己心裡？這個過程對中年人來講，是非常重要的，因為即使人到老年還是要做相同的事，

可是那時的心力不及中年時充沛。

　　我有位父執長輩，是我父親的同事，很年輕就從大陸來臺，當時他在大陸已經結了婚，而且有一個小孩，可是戰亂中只能隻身來臺。這位長輩常將我當成是自己的孩子來疼愛，也像小孩一樣地跟我玩在一起，常常在我耳邊上講一句話：「蓓蓓啊！將來等我死的時候，妳要幫我捧牌位。」

　　這位伯伯在臺灣一直保持單身，直到大陸開放前不久才結婚。當他結婚時，我心裡鬆了一口氣，知道不用幫他捧牌位了，因為他在新的婚姻裡生了幾個兒子。前幾年接到他兒子的電話，說他父親病重。結果隔天一早我到他家時，他已經往生了，我便留下來幫他助念。

　　他是一個非常開朗的人，在面對第二次婚姻時，仍然用同樣樂觀的態度面對。他認為第一次婚姻不是個錯誤，現在的婚姻也不是個錯誤，而是這個時代的錯誤，為什麼要為了這個時代的錯誤，把這些錯誤硬加在自己身上呢？所以他可以很坦然面對他的兩段婚姻，從未聽他提起過前妻的孩子來爭產一類的事。

　　他對自己的兩段婚姻解讀，非常有智慧，因為他

把自己心裡的疙瘩擺平了，讓他周圍的人都可以感到平
安，沒有什麼家庭紛爭。我還記得坐在他的遺體旁邊
的感覺，那個感覺就好像是他的一生一樣，讓人非常
溫暖，他以自己的智慧解讀生命，不但幫自己的人生解
套，也幫他周圍的人解套，讓大家都可以分享他的樂
觀、包容與溫暖。所以我在向他的遺體頂禮時，心裡非
常感恩這輩子能和他結了這麼好的緣。

🍀 多元角度不對立

　　中年人的價值觀，絕對不要放在對立的狀態，認為
只有對、錯兩種判斷。因為在對立的狀態中，如果要建
立一個新的解讀系統時，是找不到的。我們可以告訴自
己，自己的人生在哪些地方費了很大的力氣，從努力的
角度來講排名第一，不過從成就來說，可能排名最後。
到了中年這個階段，不妨把對事情的解讀放在一個變動
的狀態中，甚至是一個多元角度的狀態，所以看待自己
這一生的過程中，也不要只用「我是成功的」或「我是
失敗的」，來做價值判斷。

　　我們對所有的事，都不要給一個固定的評價，要

學習用多元的角度來看待世界，才可能建立多元角度的解讀，腦子裡慢慢地有一個空間，這個空間會讓我們對事情有一些不同的看待，這是中年人的本事。如果今天仍用小孩的方式面對，那個小孩一定是採取對和錯的角度，可是到了中年，應該有本事以多元角度看待自己過不去的事，然後搭配上對心的覺察，就可以滋養一個柔軟的心。漸漸地，我們會發現自己可以表裡如一，會接納自己，包括外表的改變與內心的挫敗。

這也是所謂「境隨心轉」，轉念的過程是漸進的，曾經經歷或放不下的境，因為心轉了，我們的生活才會開始開闊起來，此時不妨給自己一點空間，讓自己走過這個過程。漸漸地，我們會知道，人的心常常不在自己身上，可是當心的覺察度開始變高，心開始變柔軟，腦子開始多元角度思考時，會發現我們的心思全部都回到自己的身上，這時人的堅定就會浮現，誠懇也會隨之出現，當一個人的生命有堅定與誠懇的品質，日子將會不一樣。

或許我們前半生的自信像紙老虎一樣，但是到了中年，有了堅定感，知道自己擁有的與不足的，就能誠實

面對自己，然後有勇氣去放下，最後真正接納。這種生
活態度是中年人特有的瀟灑，會發現天下本無事，自己
也不會庸人自擾。

Chapter 4

放下的幸福

中年的提起與放下

　　放下，我們常常掛在嘴上，可是心裡卻做不到。再不然就是自己正在煩惱時，身旁的人要我們「放下」，這真是有苦難言，如果放得下還用得著煩惱嗎？誰不想要「放下的幸福」呢？

　　沒有人能避開煩惱，有了煩惱，就很想丟掉。於是這時「放下」兩個字就會冒出頭來，可是過程沒那麼簡單。我們都聽過「提得起、放得下」，這到底是兩件事還是一件事？很多時候，我們想要放下的東西，如果不先提起來，怎麼樣都放不下。

❖ 先提起才能放下

　　曾有一位七十多歲的老太太來找我諮商，她從小就過

繼給別人當養女。由於她小時候生重病，傳統社會有一種習俗說生重病的小孩過繼給別人，會比較容易存活，所以家人在這種情況下，將她過繼給另外一戶人家。她雖然被領養，但成長過程中，並沒有和原生家庭斷絕關係，所以她很開心可以同時擁有兩個家，成為兩個家庭受寵的老么，結果她的病果然痊癒了，也平安快樂地長大，求學與婚姻之路都很順利。

　　雖然她後來兩度面臨了原生家庭與領養家庭的父母過世，兩邊家庭的兄姊都認為她是別人家的孩子，不應該分家產，她因為一路成長都很順利，生活過得不錯，所以對於兩邊都沒有分得家產，也不計較。

　　可是，她到了六十歲左右，身體開始出現一些狀況，情緒變得很低落，成天躲在家裡不出門，她的孩子很擔心她生病了，所以帶她去看病。醫師告訴她說可能是憂鬱症，希望她心裡不要有什麼牽掛，要試著放下。但她一直不覺得自己有什麼放不下的事，所以她接受心理諮商的協助。

　　在諮商的過程中，我真的聽不出來她心裡有什麼放不下的事，可是當談到她的原生父母把她送去給別人領

養的事，她開始有點哽咽。雖然在說到沒有分到遺產的
事，她的態度是很開放的，但是聽得出來她的口氣裡是
有情緒。

　　我問這位老太太說：「大家都認為妳很好命，可是
我覺得『好命』是妳自己撐起來的。因為妳把很多事當
作沒事就這樣過去了，可是妳的心裡真的過去了嗎？」
於是，我與她一起回溯她的生命歷程，從她小學被領養
開始回溯。

　　當她在小學病得快死時，原生父母沒問過她，就
直接將她送給養母領養，這個作法是日後很多問題的起
點。她在毫無心理準備的情況下，被一個不認識的人領
養，而且這時她已經懂事了，仍必須跟原來的家庭「切
割」，雖然後來還是常常兩個家庭來回走動，但是「切
割」在心理學上，會把它視為是創傷，只是這樣的創
傷，她因為當時年紀還小，沒有機會去處理。

❧ 真正讓心受傷的地方

　　關於分遺產的事，她覺得沒有遺產無所謂，真正讓
她受傷的是家人們的說詞：「妳不是我們家的人。」人

一輩子都在找自己的位置,她努力了一輩子,結果居然在她的家庭裡沒有位置,那是真正讓她受傷的地方。後來她愈說愈明白原來她心裡有這麼多過不去的事。

但是她都已經七十歲了,養母與原生父母都過世多年,又能怎麼辦呢?當我聽到她說在這個世界上,沒什麼好牽掛的了,其實我有點緊張,因為很多人會有輕生或自殘的念頭,常常是認為自己活著沒有太大的意義了,但其實很多時候是長期的憂鬱反應下來的結果,不一定有明顯的病症。幸好她接著表示不會輕生,只是覺得自己活了這麼久,究竟是為什麼而活呢?

她為了要讓自己可以活得好,希望可以放下心裡的煩惱。大多數的人都會有這種反應,心裡過不去的事,雖然已經發生了沒辦法改變,但是我們對事情的感覺可以改變,更進一步的說法,就是不但感覺可以改變,甚至也可以逆轉,關鍵就在於要提得起、放得下。換句話說,先要把事情提起來,下一步才可能放得下。

她是一個很善良的人,因為養母與親生父母都已往生,不可能去怨恨他們,至於兩邊的兄弟姊妹也過得很好,她也不想以怨恨心去影響他們,所以她能怎麼做

呢？有個很湊巧的因緣，她原生家庭的大哥要做八十大
壽。我擔心她前往祝壽時，心裡會不會很煎熬，因為她
覺得大哥不認她，可是她又想要去祝壽。由於她是個佛
教徒，所以她說對一切因緣都應該要感恩。可是在心理
學上，會覺得她是用感恩來壓住怨恨，雖然在這個過程
當中會有轉變，可是會轉變得很慢。所以我和她一起做
練習，讓她練習說出想對她大哥說的話：「我沒有分到
家產，心裡不難過，可是你說我是送出去的小孩讓我非
常難過，因為我覺得你不認我這個妹妹。」

　　她擔心在祝壽的場合，直接說出心裡的話，是很不
得體的事，我告訴她說這也是送大哥的生日大禮，讓他
知道做為他的小妹，對她來說是很重要的事。我們在商
量過後，她決定先約大哥吃飯，說出心裡的話。後來她
果然說出口了，因為她覺得再不說，一輩子大概都會很
難過。他大哥乍聽到她的話，也不知道怎麼反應，兩人
默默地把飯吃完了。

　　等到她大哥八十歲生日那天，她前往祝壽。沒想到
她大哥做了一件很冒險的事，把他母親留下來的一個鐲
子，當著所有人的面送給她，她大哥從頭到尾沒說一句

話，只說有東西要給妹妹，然後就把那個鐲子給她。結果她一拿到，就知道那是她母親生前戴在手上的鐲子。兄妹兩人心照不宣就把這件事解決了，其他人都不知道他們發生什麼事。

🍀 找到可以安住的位置

我問她心裡感覺如何？她覺得心裡有根。我很想知道為什麼她會有這種感覺？她說萬一將來沒辦法與先生合葬，可以回到原生家庭，也就是在她的娘家跟父母葬在一起。此刻她才真正懂心裡放不下的是什麼。原來她一直想要回到生命當中被認可的位置，也就是她心裡覺得很安定的一個地方，所以當她找到可以安住的位置後，其他的東西就不再重要了。

至於她的原生父母未與她討論就把她送人的事，她去掃墓時，在墳前向她的父母表白，她當初對父母沒有告訴她就把她送走，心裡一直感到痛恨，雖然生活看似過得很快樂，可是心裡真的不開心。由於大哥現在認她了，讓她被肯定自己是他們家的小孩，所以對於父母所做的決定覺得不再那麼重要了，因此她在墳前向父母致

歉，過去不該一直對他們心裡存有怨恨的感覺。

　　我會一直記得這位老太太的故事，主要的原因是她的行動力非常好，很少人活到了六、七十歲了，還想要解決生命中的過不去。我常常看到很多中年人，想要放下自己心裡放不下的事，可是用的方法往往不對。這個故事的女主角用的方法最大特色，就是她願意提起來，對自己放不下的事，扛起責任來。

　　她之所以有勇氣去找她的大哥講出心裡話，是經過很長時間的累積後，終於看到自己心裡的牽掛，知道如果不去處理它，它會一直擱在心上，所以她把牽掛承擔起來，然後處理心裡的牽掛，而不是去處理她哥哥沒有分遺產給她的事，或是去處理她哥哥沒有認她這個妹妹的事，她要處理的是她心裡對自己被認為是這家的孩子的牽掛。她是為了處理她自己的牽掛而向大哥坦白，而不是去處理她哥哥虧待她這件事，這兩者是有差別的。而我們常常會放不下的原因，就是對於其中的差別分不清楚，於是常常就把所謂放下的責任，放到別人身上。要等別人改變了，我才能夠放下；要等事情改變了，我才能夠放下。事實上，真正牽掛的是我們自己，所以我

們要去處理的是自己。

當她要向她大哥表明時，我曾要她做好心理準備，她可以跟她大哥說心裡話，但他還是可以不認她這個妹妹，她說沒關係，因為她已經把責任回到自己身上，會承擔自己心裡牽掛的責任，所以有勇氣去做想做的事。當然在這過程中，內心一定有起伏，她哥哥聽完她的話後，卻連一句話都沒說，讓她心裡非常忐忑，回到家時，她的心情跌到谷底。在她參加壽宴的前幾天，她一直在這件事情上打轉，不停地告訴自己，這麼做到底是為哥哥，還是為自己，最後她漸漸地把答案回到自己身上，認定是為了要讓自己心裡過得去，所以哥哥要怎麼做是他的事，至少她做了想要做的事，因此她就去參加壽宴。

❧ 放下與承擔一樣重要

我們心裡常常放不下，到底是為別人還是為自己？我們一定不好意思說為別人。這是一件很痛苦的事，我為我自己的遭遇與感覺負責任。也為自己曾經面對、曾經遭遇這樣的事負責任，雖然這些事是別人做的，可是

感覺痛苦的是我，不是別人，所以我要為這些事負責
任。

　　放下與承擔同等重要。很多時候，我們只是在行
為上負責任，可是心裡的承擔卻不容易做到。雖然我們
在心裡會對牽掛的事「認了」，但有些人是苦不堪言、
很無奈的，有些人卻是有氣魄地扛起責任，這來自於承
擔。當我們有所承擔，會發現「放下」就變得容易。

隨時與自己獨處五分鐘

一個人的時候就想趕緊找人講話，或是開電腦、電視、聽音樂或看手機？你和自己熟嗎？是否注意到自己的身和心是分離的還是團圓的？這個練習可以引導你觀照自己的狀態，把注意力回到自己身上，真真實實感覺自己是跟自己在一起的。

一、不用電腦、手機，也不看書。

二、可以靜坐、走路、躺著。

三、看到念頭，知道是自己的念頭，但不用去掌控。

四、讓速度變慢，讓心回到自己身上，發現自己獨處時是什麼狀態。

五、持續練習，將發現心情比較穩定。

中年的勇氣與承擔

　　要承擔、要放下、要負責任，講起來簡單，做起來真的不容易，而且還要分清楚，負責任是為自己，不是為別人，這個過程需要有絕大的勇氣去承擔。在我自己所接觸的個案中，有的人要去面對這些事的時候，即便是年輕有體力、有心力，他就是做不到。

🍀 心裡愧疚引起生理反應

　　有位太太一直為背痛所苦，她原來以為是更年期的關係，但是醫院檢查不出原因，醫師認為她的背痛是心理的因素引起的，建議她去看精神科或身心內科，結果她輾轉找到我，我就請她說說她自己的故事。

　　她的原生家庭有六個哥哥，她是最小的女兒，所以從

小就是被寵大的公主。她結婚的對象是獨子，所以當她出嫁時，母親特別提醒她要幫先生生兒子，傳宗接代。當時她也不以為意，可是過了二十幾年，她還記得母親當初說過的話，表示這番話對她是有影響的。後來我問她，公婆與先生是否有給她一定要生男孩的壓力，她表示沒有。但是她在心裡一直假想著自己有一個兒子，而且可以樂此不疲想像他的樣貌與生活。

當我聽完她的陳述，我覺得已經找到她背痛的原因了。她的心裡其實一直很希望有個兒子，再加上當年出嫁時，母親的那席話好像緊箍咒一樣套在她頭上，讓她覺得一個女人沒辦法替先生傳宗接代，是一件很恐怖的事情，結婚幾十年，她就一直活在這樣的恐懼中。她背痛的原因是她把傳宗接代的期待，還有不存在的兒子，一直背在背上，等於在她心裡也養了一個兒子。她覺得自己不但做為一個太太，不夠稱職；做為一個母親，也不夠稱職，原因就出在沒有生兒子。

她活在自己給自己的陰影下，直到身體開始慢慢衰老時，就變成一個背痛的因素。從某種角度來講，她也是因為這個背痛，開始尋求放下。不過，在現實中她已

過了生育期，所以她心裡對她先生有很大的愧疚。於是我建議她，下次可以找她先生一起來談談。

當她先生與她一起來時，我發現她先生是位很老實、很靦腆的中年人。我問他知不知道要他一起來的原因，他並不十分清楚，所以我請這位太太將心裡真正想要講的話對先生說。這位太太邊哭邊講，她覺得對不起先生，因為她沒有生兒子。這位先生也一付手足無措的樣子，只能安慰太太不要哭。

等到這位太太情緒較穩定後，我問先生有什麼話要向太太說，他說自己真的一點都不介意她沒有生兒子，他覺得擁有兩個女兒很好。這位太太心裡的愧疚，先生從頭到尾不知道。雖然先生不介意沒生兒子，但我提醒他要有心理準備，讓太太能夠有一段時間，慢慢地讓她自己的介意可以變淡，而且他要讓太太能夠真正的感受到他的不介意，這可以幫助太太漸漸地對自己的介意會淡化一點。

然後我向這位太太表示，這件事不只是跟先生有關，也跟她母親有關。因為她母親生了六個兒子，讓她有幸福的童年。可是在她出嫁時，她母親的那番話讓她

覺得整個心揪在那裡，對沒有生兒子耿耿於懷。不過，我覺得她的心至少已經打開了，接著的事，是他們夫妻可以處理的了。結果隔了一段時間後，這位先生告訴我，他帶他太太去泡湯，讓她的背可以變得比較放鬆、舒緩，然後背痛就真的漸漸消失了。我也問那位太太如何處理與媽媽之間的心結，她決定不要告訴她母親，雖然當年的話對她影響這麼大，但她不想讓她母親覺得對她有歉疚，因為她母親可能沒在意過這件事。

從這個故事，我們會發現當一個人真的開始面對自己，面對沒辦法承擔的事時，其實那個多元的角度就會出現。最困難之處在於，區分是自己的責任還是對方的責任，到底是誰要放下？這個答案是「自己要放下」，所以自己要提起來，然後去處理，然後放下。這其中有一個很關鍵的東西，就是勇氣。

☘ 中年特有的勇氣

這樣的勇氣是中年人特有的，因為中年人開始對自己的生命歷程有觀照的能力，有俯瞰全面的能力。當我們開始俯瞰前半輩子是怎麼過的，慢慢可以不要黏得這

麼近，從比較遠的視野觀看時，漸漸能有所區辨，把一些自我要求完美的東西放下。

　　這種觀照自己生命歷程的能力，連帶地產生了勇氣，這個勇氣部分來自於我們「快要老了」，來自於我們「快要死了」，也就是說，在我們生命歷程的後半段，因為抽身來看，所以可以著手去處理了。面對自己的生命即將要終了，每個人都希望自己是心安理得地走，這時，我們的勇氣就會生起。

　　當人面臨一些夫妻或家庭糾紛時，只要牽涉到情感，往往很難釐清，但如果想要善了，不要帶到下輩子去，就必須要放下。可是，善了很容易讓我們誤會是為了要讓事情圓滿。

　　勇氣常伴隨著心裡的掙扎、矛盾，甚至是恐懼。人一生當中，少不了掙扎與矛盾，我們的心是很難掌控的，但中年人的本事就是，即便心很難掌控、會亂跑，但自己能看著心亂跑，並欣然接受。這種態度是中年人慢慢培養出來的，能夠用一個比較客觀的心態，有一點點抽離的狀態，來看待自己的掙扎、矛盾、恐懼，這些雖然從沒消失過，可是我們還是能過好日子。

　　我分享一位朋友的故事，是關於角色的轉換。我朋友與先生的夫妻關係很好，共同維持一個美滿的家庭。先生原本一直很照顧她，但他後來因為中風，變成她要反過頭來照顧他，兩人的角色轉換時，都已經是中年人了。在這樣的轉換過程中，對於一個女性來說，是要從一個基本心態是被照顧的角色，漸漸地轉換成為是她要去照顧先生的角色，真正變成是家中的支柱，真正要去扮演那個照顧人的角色，當時我朋友的心裡，經過很多的矛盾、衝突、掙扎去轉換。

　　我看到她的轉換過程，心裡覺得很佩服，因為不管她願不願意，她都把這個角色扛起來了，這就是承擔。她心裡從原來是個小女人的狀態，變成是一個大女人的轉折裡，我相信她有千百個不願意，可是她還是承擔了，於是讓自己一點一滴地從小女人轉成大女人。另外，我也心疼她在轉折的過程中，要一直去面對自己的矛盾、衝突、掙扎，然後又不停地告訴自己要放下。

承擔是人格的提昇

　　像她這樣的一種生命歷練，我覺得最有價值的不

只是放下，而是她願意承擔，承擔成為一個照顧者的角色。這樣子的一種承擔是一個人格的提昇。像這樣的一種人格提昇，在我們年輕時是不容易做到。

中年人要承擔的事情很多，包括父母老去、內心的愧疚，以及生命出奇不意的意外。這些擔子一直在我們身上，可是到了中年，是一個「提起」的關鍵時刻，把承擔提起來。

給中年的你

- 面對人生課題，你如何先提起再放下？
- 你如何自我觀照自己的生命歷程，並從中產生勇氣？
- 你覺得中年人要承擔哪些責任？

中年人
是社會安定的力量

　　很多人到了中年，從許多的角色上退出了，例如
從職場退休，在職場上的角色或家庭中的角色，是社會
賦予我們的。不過，中年時，我們的承擔是自己扛起來
的，包括照顧父母、養育子女，還有照顧自己，承擔自
己過去心裡過不去的事，甚至包括承擔社會上最重要的
中堅分子角色，扮演安定的力量。

❀ 讓自己成為安定的力量

　　二次世界大戰以後的嬰兒潮，形成今天的退休潮，
這群人的社會歷練，造就了所謂「中產階級」，即使退
休了，這些人在社會上儘管沒有扮演明顯的角色、地
位，可是他們在家庭裡，常常扮演的是一個很重要的磐

石角色，帶來社會安定的力量。今天如果每個人在自己的工作崗位上、家庭中、人生角色上，能夠讓自己多穩定一點、多安定一點、多勇敢一點，讓自己多一些提昇時，這個社會將因為我們而安定。

當我們能看到這些層面時，就會開始珍惜每個人在生命歷程中曾做的努力；不管這個努力到目前為止是不是令人滿意，可是每個人都在這個過程中盡心努力。當我們開始承擔自己時，其實也是承擔家庭、社會，有時我們很難把自己跟比較大的系統連結在一起，可是我們做的一點點努力，都會影響很大。對中年人來講，我們是跟整個外在環境連結，不只是跟家庭或周圍的人互動而已。

這就像在禪修歷程中，聖嚴師父曾說過人從散亂心到集中心、統一心，最後進入無心的過程。到了中年，就像人有機會修到統一心，那個統一，不是只有你的身心統一，還包含了自己跟環境的統一。

這樣的統一過程，是一個漸進的、自然的，當我們開始穩住自己，當我們開始去處理自己，讓自己放下多一點，承擔更多時，安定的力量就會出現，所以跟我們

在一起的人是幸福的,「放下的幸福」不是自己的,是你身旁的人的,是你周圍的人的。如果我們今天放下只是為了自己的幸福的話,禪修修到統一心有什麼用?所以聖嚴師父常會提醒我們,修行是要拿來生活中用的。

　　我們可能原來是在一個很紛亂的狀態,漸漸開始看見自己,進入集中心,然後漸漸地處理自己、成長自己,於是統一心出現。所以我們跟自己漸漸能和平相處,變成穩定的力量,然後開始跟環境之間產生連結,環境也因為有我們,而多了一份安定的力量,這時我們的統一,就從個人的身心統一,漸漸到與環境統一。

❦ 從自我消融到與環境的統一

　　接下來,我要說一個與環境連結的故事,這是我自己的一個故事,給我自己很大的體會。

　　當聖嚴師父還在世時,我常常覺得自己是一個很差勁的徒弟,因為他常常囑咐我要幫忙做些事,可是我都向他表示別開玩笑,那些事簡直就是天方夜譚,總覺得反正天塌下來有師父頂著,所以自己就像個小孩一樣,然後口口聲聲說,能做的事情就做,不能做的事情就別

做，凡事盡力去做，自己覺得挺心安理得的。

　　直到聖嚴師父圓寂以後，起初兩、三天，我的人有點慌亂，慌亂來自於他和我講過的事，就像排山倒海一樣，從我腦海不斷冒出來。我心想一定是自己悲傷過度，還想到自己曾告訴師父，已經準備好他的辭世了，原來是自欺欺人。到了第三天，我突然間有個領悟，覺得自己也快六十歲了，還能活多久啊？師父囑咐我做的事，還有多少時間可以做？所以不管做不做得到，我至少要試試看吧！

　　這念頭一動起來後，我想到聖嚴師父的晚年，總是拖著病體，不斷囑咐我們一些事，那時候自己心裡雖然感到不忍，可是也覺得他確實有這麼多事不能不處理。那時候自己的心是矛盾的，可是等到師父走後，我突然間想起那段日子，我們在談事時，他身上的病痛從來沒減少過，他老人家都能這樣做，那我還有什麼藉口不做呢？這些念頭在我腦裡翻騰了三天，最後我決定不管做不做得到，先做了再說。當這念頭一轉時，我發現承擔的能力與心力出來了，便向我先生說自己決定把工作辭掉，到法鼓大學幫忙，因為有些事情如果再不做，一定會後悔。

　　當時自己也沒有想太多，雖然不知道未來如何，也許是跳入火坑，甚至能不能全身而退都沒把握，但是如果再想這麼多，什麼事都做不了了。就在這轉念間，發現自己的身心狀態不一樣了，對聖嚴師父的愧疚與哀傷開始減弱。於是我才慢慢明白師父常講的自我消融。

　　當我們要開始去做一些事時，到底是為誰做呢？我會做這樣一個決定，做這樣的一個承擔，是為我自己的愧疚承擔，而不是為師父，我知道自己開始和環境之間，練習如何連結。因為我很清楚看見自己，在前面的日子裡，我之所以跟師父說自己做不到，在拒絕他時，都是自我考量，給自己很多的理由，可是自己一旦下了決心承擔，就會發現之前真的是以自我為中心，都是自我考量能不能把事情做好，萬一做不好，師父會不會討厭我等，其實都是為了自己。這就是為什麼中年人的矛盾、掙扎、衝突，從來沒少過。即便我開始跟環境連結，即便我開始想辦法要自我消融，即便我想盡辦法要做一些自利利他的事，可是對於這些問題的考量點，仍能夠感覺到它們的如影隨形。

✿ 天行健，君子以自強不息

禪修對我們看清自我很有幫助，進入禪堂精進禪修，即使只是休息，只要好好認真去面對自己的自我執著，等到後半段再看到前半段的自我考量時，心裡會明白，禪修幫助了我，我可以在觀照自己的過程中，常常去檢視「我是不是又掉到哪個陷阱裡？是不是又以自我為中心了？又在考量自己有多大的好處了？」這些疑問，就會一直跟著我們。

到了中年，生命的疑問開始有點轉彎了，變成是這個人活在這個時間、空間裡，到底可以創造多少價值，那時承擔跟著而來，這是一個創造價值、意義的歷程，但也已經不再是為自己創造，而是為了周圍的人創造。那是我認為自己與環境開始漸漸統一的過程，那裡面還是有自我，可是我們清清楚楚，不讓自我干擾太大，然後時時刻刻在掙扎、矛盾與衝突裡去分辨。這時我要提起什麼，什麼可以承擔，什麼不重要可以放掉，在分辨裡漸漸地消融自己。

有人問我中年人是不是應有「天降大任於斯人」的精神？與其說是「天降大任於斯人」，我認為中年人

更應是「天行健，君子以自強不息」，因為在面對人生的不同階段時，我們時時刻刻都不斷地努力，這就是自強不息，雖然過程與目標可能不太一樣，不過都是出於自願的。而相形之下，「天降大任於斯人」是一個人的「責任感」，是外在賦予我們的。在不同階段會擁有不同的責任感，例如為自己的生涯、為家人打拚等。不過，如果我們抱著「天行健，君子以自強不息」的積極態度，即使受制於社會的框限，仍勇於承擔責任，會覺得一切是自願承擔，而不是「天降大任於斯人」，被要求而擁有的責任感。

人到中年，當社會不再給我們很多責任時，我們的責任感從哪裡來？從「自己身上」，也就是「天行健，君子以自強不息」，是自己主動要承擔的。使用「責任感」的字眼時，會讓人感受到壓力，可是用「自強不息」的字眼時，會覺得自己是自願的。所以，相較於「天降大任於斯人」，我更傾向用「天行健，君子以自強不息」來肯定自己。

中年人對未來還是有很多憧憬，但與年少輕狂時的憧憬已經不太一樣了，對人間有憧憬，對生命有憧憬，

所以常常會在日常生活中，出現創造的契機，為什麼？
因為到了中年，很多東西不再被綁住了，又比較沒有那
麼多自我執著，會發現人生海闊天空，不單是腦袋可以
天馬行空，心情可以天馬行空，生命意義也可以天馬行
空，對未來是充滿憧憬的。

Chapter 5

人生中年最優美

把自己找回來

　　孔子說「三十而立」，但人在中年以前，其實都只是在累積人生的素材，直到進入中年以後，才學習獨立。人們在前半生一直努力賺取、爭取，讓自己擁有很多。如果稍微留意就會發現，我們常常用的語彙不外乎是：我結婚了、我生小孩了、我的小孩念幼稚園了、我買房子了、我在付貸款……，說的都是自己身邊的事情，也都是繞著「我」在打轉。

❧ 看見自己，活得像個人

　　在不停爭取的過程當中，有人順利，有人不順利；有時順利，有時不順利；有時開心，有時難過；有時得意，有時又很失落，總是在起起落落之間。

　　在這樣的起落裡，許多人就會開始產生懷疑，懷疑生命的歷程裡，難道就是這樣子走一遭嗎？雖然不願意面對，可是人或多或少會因為衰老而想到病痛或死亡，這時候就會興起一種感慨：「難道我這一生就這樣子過完了嗎？」

　　在這樣的起落裡，其實是一個再度開始「擁有自己」的過程，這時擁有的不再是銀子、房子、車子、妻子、孩子等五子登科，而是「真正的自己」，也就是，中年是一個非常重要的時刻，可以開始真正地看見自己。

　　看見自己，是要一點一滴地把自己找回來；當漸漸找回自己時，獨立感就會產生。為什麼？因為開始感覺到自己「像個人」。所謂「像個人」，意思是在人生的前半階段，是過得四分五裂的，哪裡需要就往哪裡去，鎮日忙忙碌碌。當我們漸漸把自己一點一滴找回來，像拼圖一樣，慢慢把自己拼起來時，才能真真實實感覺到是跟自己在一起。

❧ 心甘情願地忙碌

人生充滿變數，我們無法掌握外在環境、因素，例如金融海嘯、歐元貶值等問題，導致生命中因金融海嘯而失業，因歐元貶值讓財產遽減之類。而有些是來自本身的問題，例如有些家庭的成員罹患痼疾，必須負起照顧他們的責任。但是我們日常生活該做的事，一樣要繼續去做，例如要努力賺錢維持家計。

中年是人生一個很重要的轉折期，在人生的前半過程中，我們可能沒有足夠的力量來做轉折，後半生可能還是持續在做同樣的事，例如還是要繼續餬口拚命工作，可是心境可以轉變。我們的前半生可能很無奈在做這些事，可是到了中年，因為生命經驗的累積與成長，有機會讓我們的無奈變少，正面的心境變多，雖然還是為別人忙碌，卻是出於自己的心甘情願，心境不同了。

換句話說，我們的生命歷程到了中年，不見得是人生的高原期，仍然要繼續爬坡，但是心境可以轉換一下，所以爬坡時可以輕鬆一點，可以自在一點，這時就包含了一些為自己而做的成分。

我很喜歡舉洗碗的例子。很多人不喜歡洗碗，我

年輕時也對洗碗這件事很不耐煩，心裡總覺得不舒服，
常想：「為什麼我這麼辛苦忙完做飯，還要再忙著洗
碗？」我記得新婚時，就為了這個不舒服，曾一氣之下
將碗盤全砸爛了。可是現在在家吃完飯後，我通常是第
一個主動洗碗筷的人，而且是心甘情願地洗，洗得很開
心，為什麼我會有這樣的轉變呢？

那是因為有一次我與聖嚴師父提到洗碗這件事，他
提供了我一個很有趣又有效的修行方法，他說：「你就
把家裡的人當成菩薩來供養！這叫作利人便是利己。」
對我來說洗碗有益身體健康，能促進血液末梢循環，那
是我個人得到的好處；我將家人當成菩薩，則是供養了
佛菩薩，利人便是利己。改變了心念，從此以後，我就
擺平了洗碗這件令我不舒服的事。這個例子說明很多的
事都是因自己心境的關係，當心境不同，做起來的感覺
就不一樣，結果也會不一樣。

❧ 退休後的迷惘

許多退休的人第一件想做的事，就是「睡到自
然醒」。可是我不禁要問，當人睡到自然醒，眼睛睜

開，清醒的那一剎那，很多人是一陣茫然，「今天不用
上班」是第一個念頭，再接下來一個念頭是「要做什
麼？」，當這個念頭冒出來時，心裡卻沒有答案，不知
道自己要做什麼。

在過去的生命歷程中，我們一直努力扮演各式各樣
的角色，可是當真的退休了，可以睡到自然醒，在那清
醒的片刻裡出現的茫然，其實是一個空隙，告訴我們：
「身在哪裡？心在哪裡？我是誰？」但是大部分的人都
會很快又跳回「今天要做什麼？」的迷思裡，而忘記把
握茫然時所產生的剎那間的「疑」。

對於生命的疑問，從年輕時就存在了，只是到了中
年，在茫然的片刻裡，這個疑問冒出頭來，如果我們不
去看它，不去管它，是一件很可惜的事。因為茫然的片
刻是個可以回頭重新面對自己的機會，如果我們能夠去
面對自己，會發現茫然或空隙是非常有價值的。

🍀 與自己獨處

不過，我們也會發現人害怕獨處，尤其是中年以後
獨處的機會比以前多。人在獨處時，很多時候是會心慌

的，心慌時就想要抓取，於是茫然之後就產生了「今天
要做什麼？」的想法。

　　以我自己為例，有天我好不容易可以睡到自然醒，
醒來後一陣茫然，發現自己竟然沒事可做，然後腦筋就
在想：「今天要做什麼？」可是，我也發現了我的念頭
轉到「今天要做什麼？」是一種慣性的抓取習慣。當我
覺察到這個情況後，就停下來，不再玩這個遊戲了。

　　我要換一個遊戲玩，如果不去想「今天要做什
麼？」，就這樣躺在床上，到底會怎樣呢？大多數人可
能會再度睡著，可是我很清醒，就讓自己停留在那樣的
狀態下，看著自己的念頭一直跑。我不去想「今天要做
什麼？」或「到底該做什麼呢？」，我不再去抓自己的
念頭。當念頭在腦子裡轉來轉去時，人就會覺得累了。
人怎麼總是要抓些什麼？我清楚看見自己的腦子裡，不
停地要抓取的習慣。

　　人真的很害怕和自己獨處，所以我曾讓學生做一
項作業，練習不能和任何人講話，也不可以和任何人打
招呼，就是一個人在校園裡獨自走路。我規定他們在上
課時，走出教室，朝向校園走，十五分鐘以後再回到教

室。學生回到教室後，向我報告他們的經驗。有的學生覺得自己好像個遊魂一樣，不知道在做什麼；有的學生會說突然間發現校園還滿美的，可以用另外一種心境去欣賞校園；有的學生發現雖然校園很小，居然有很多角落是他從來沒去過的，就把十五分鐘當作探索教育；還有學生覺得碰到人時不講話、不打招呼好尷尬，尷尬到不知所措，實在是一件很奇怪的事。每個人都在這空隙中有不同的抓取。

　　從這樣的過程，可以模擬出人生的歷程，像這樣子的空隙是非常重要的，特別是到了中年階段時，這些空隙正好是我們可以停下來與自己獨處的機會，從中看見自己在前半段的生命歷程裡，不停地在抓取的過程。

　　當我們漸漸看見自己的抓取，看得愈多時，會發現抓取的力道開始變了，不再那麼用力抓取，甚至人可以慢慢地放鬆。而且在這樣的過程中，會發現擁有自己的部分愈來愈多，這是一個很微妙的變化。

🍀 也無風雨也無晴

　　當人不再向外抓取，把注意力回到自己身上時，我

們會發現生命開始充實、豐富起來。這時，我們要學著
把生命中沒了結的事放下，身心才能漸漸地安頓；雖然
不能完全了結，至少身心可以安頓，接著，一個獨立的
人格就漸漸地出現了。

　　蘇東坡有一首詞名為〈定風坡〉：

　　　　莫聽穿林打葉聲，何妨吟嘯且徐行。
　　　　竹杖芒鞋輕勝馬，誰怕？一蓑煙雨任平生。
　　　　料峭春風吹酒醒，微冷，山頭斜照卻相迎。
　　　　回首向來蕭瑟處，歸去，也無風雨也無晴。

　　我的解讀是：不要去聽樹林裡葉子和葉子拍打的聲
音，就唱著自己想唱的歌往前走。就算手裡拿竹杖、穿
草鞋，心裡卻很痛快，可能比騎馬的人還快樂。雖然走
路不比馬跑得快，可是心裡很輕鬆、很痛快。所以誰怕
誰？就披著蓑衣在生命歷程中往前走。春天的冷風吹醒
了腦袋，醒後感到有一點冷，可是山頭上有太陽斜照，
陽光雖微弱，照在身上仍有一點暖意。回頭看看走過的
路，雖然蕭瑟，但因為醒了，因為心境不同，所以即使

是風風雨雨，是晴是陰都沒有關係。

　　在我二十幾歲時，幾個朋友坐在一起互問最喜歡這首詞的哪一段？最欣賞哪一部分的意境？年輕的我們，都喜歡前半段，感覺瀟灑飄泊的人生即便沒有太大的成就，還是可以充滿豪情壯志往前走，手拿竹杖、腳穿草鞋，雖不像穿著輕裘、騎著駿馬那樣方便，但還是一樣往前走。關鍵在那個「醒」，冷風一吹就醒了，這很像我們前半段的生命歷程。我們的確是帶著自己的豪情壯志走上人生歷程，可是過程中跌跌撞撞，有時走得很順利，有時充滿挫折，不管人生擁有多少，總有醒來的時候，醒讓人覺得很溫暖，雖然有點冷，但至少不是臨死時才清醒，可以在中年就醒了，這是很值得慶賀的事。所以當我們感覺到人生有點冷，又有一點溫暖時，生命歷程就已經到了「也無風雨也無晴」的境地。

　　這首詞也像在描述生命不同的階段與歷程，看到自己心境的變化。到了「也無風雨也無晴」時，就是獨立的人格出來時，這也是聖嚴法師所說的自我認識、自我肯定、自我成長、自我消融的人生歷程。

　　當我們能自我肯定時，就是所謂的「獨立人格」，

已經不是那個四分五裂的人，而是一個統合的人、統整的人，當我們擁有這樣的人格，再去面對生命歷程的種種時，會有一分自在，可能也有一分淒美；有一分得意，可是也有一分失落。不管結果如何，我們都接納「這就是我」。

就像在禪修的歷程中，看見自己的身心變化，看見心開始從冰冷慢慢變得溫暖起來，然後看到自己的生命歷程，一點一滴地把自己找回來。

給中年的你

- 你覺得如何能擁有真正的自己？
- 什麼是獨立的人格？

中年〈十牛圖〉

　　禪宗的〈十牛圖〉講的是一個人禪修的歷程，它將禪修歷程分成十個階段，用牛來比喻禪修者的心。人和牛的關係，就是自己和心的關係。多年前，我剛剛開始跟著聖嚴師父學習禪修，第一次看〈十牛圖〉時，是看不懂的，直到開始打坐後，才看懂了一部分，後來愈看愈有趣。

　　事實上，〈十牛圖〉的十個階段，就是生命歷程覺醒的過程，也適用於比喻中年的發展。第一幅圖是「尋牛」圖，人要去找牛，可是牛在哪裡？於是開始找牛。有人在一陣茫然後，心裡想「今天要做什麼？」，因為沒有用生命中的空隙來找牛，所以就找不到「牛」。

❧〈十牛圖〉找到自己的心

　　中年人尋牛與中年危機是相通的，中年危機就是
我們開始尋牛的時刻。因為危機本身就是一個空隙，在
空隙中我們疑惑著，同時也開始知覺自己的變化，這是
「見跡」。老花眼、體力衰退等等生理老化的跡象，是
很好的「跡」，但是不服老，不面對自己已是中年人這
件事，會讓我們回頭用種種方法讓自己不顯老，好處是
我們的確靠著努力能找回一些年輕的感覺，但是「心」
的勞累和對自己生命意義的疑惑卻是無法逆轉的。如果
這些跡象幫助我們正面地面對中年這個時期，這時候，
我們看見過去的生命歷程中是如何努力去因應外界對自
己的期待，更從中來告慰自己，卻弄得身心俱疲時，看
見了自己的心是如何向外求平安，卻不可得的時候，心
牛就出現了。

　　「見牛」、「得牛」、「牧牛」在禪宗的傳統上，
指的是在修行上已經契入的人如何把心鍊得收放自如，
然而在面對中年時，雖然也是希望把心鍊到一個穩定而
正向的狀態，卻和禪修的境界、層次很不一樣。❶然而，
對一位中年人而言，面對自己的內心深處，調和自己過

往生命中的幽暗，省思一路走來的價值與意義，進而用
獨一無二的勇氣放下，這樣的修練也是很可觀的。這期
間，心，不只被看見了，也漸漸地在修正、淨化，心
和人是合一的，這正是聖嚴法師所說的「自我成長」。
藉由來來回回的觀照與反省，一點一滴地與自心和解，
收放之間，讓中年的心擁有人生中從未有過的從容與沉
穩，這何嘗不是一種修行。

　　「忘牛存人」、「人牛俱忘」雖然也是禪修歷程
中頗令人嚮往的境界，有人會說：「太高深了，做不
到。」然而，我相信有人在生命統整到某個程度時，會
在某些機緣中，體驗到時空泯滅，萬物渾然一體的剎
那。歷來一些偉大的哲學家、宗教家、心理學家都在著
述中透露過這些經驗，但是，我們這些凡夫俗子雖然心
嚮往之，亦不可自暴自棄。因為這一世的生命歷程總要
對自己有個交代。「返還本源」就是讓我們在走過一個
顛覆、轉化的歷程之後，帶著重新看見這個世界的眼
光，發現山水依舊，但是解讀的視框變了，生命的意義
就在智慧當中開竅了。

　　〈十牛圖〉最後一幅圖是「入鄽垂手」，一位和尚

身上只有一個袋子，還不停地從袋子裡拿東西出來給大家。出家人本來應是接受供養，這位出家人則是不停地給人東西。出家人身上雖然沒有什麼東西，可是他還是不停地給予。

這幅圖有很多意涵，其一就是在人生後半段，我們不只擁有自己，還與周圍的人、環境融合。在融合裡，我們又在找一個新的角度，去和這些人、環境做連結。從儒家的角度來看，就是「五十而知天命；六十而耳順；七十而從心所欲，不踰矩」，都是人與人之間的分寸，也就是和周圍的人、環境融合。融合不是目的，而是扶手，目的是給予，在和光同塵中，隨緣盡分地給予，是自我消融，也是無我的練習。

分寸自在心中

此時，拿捏的分寸都在自己的身上，前半生的社會規範、社會期待，對我們來講，可能是一種外力，但是到了中年，要靠自己決定分寸。從修行層面來看，是心的判斷、拿捏，簡單地說，就是心中會有一把尺自動地調整回穩而心安理得。當我們開始逐漸擁有自己，會發現真正需

要的不多，當一個人希望在精神層面、心靈層面能夠海闊
天空，對現有生活的抓取就會變少了。獨立的人格一旦漸
漸成形，並和周圍產生連結，分寸也掌握在自己心裡時，
慢慢地會發現要去創造的、開發的，是自己真正覺得有意
義的，而且是屬於心靈和精神層面的需求。

　　一個人到了生命的後半段，在面對死亡時，這是非
常重要的一個階段。因為如果我們在此時沒認清自己，
會發現面對死亡的恐懼無所不在。相反地，如果認清自
己，會發現人生自古誰無死？過去，我們活著的時候都
在學如何擁有，中年開始，我們學著「向死存有」 ❷，在
緣起性空中，建立生死智慧，給「活著」這件事一個心
無罣礙的態度和說法。而這種態度和說法不是一蹴可幾
的，而是一步一腳印地修練而來的。

🍀 幫助別人不起煩惱

　　我記得與聖嚴師父禪修時，他曾說過，消除自己的煩
惱很重要，可是讓別人不起煩惱更重要，所以鼓勵我在修
行的過程中，要難行能行、難忍能忍。這個觀念如果套用
在我們分寸的拿捏，不只是要去消解、舒緩自己的煩惱，

還要讓別人不起煩惱,這才是最難的部分,也就是聖嚴師父說的,在難忍能忍、難行能行中消融自我。

當我們要開始去提煉心中的那把尺,雖然不一定有答案,但在難忍能忍、難行能行的過程中,自己跟自己核對,跟周圍的人核對,一點一滴地把自我中心逐漸消融。唯有在自我中心的消融中,對人的幫助才能真正的漸漸奏效,因為自覺是為了覺他,自利是為了利人。試想,入廛垂手中和尚的消遙自在,不正是我們所欣羨的人生態度?

中年,我們該擁有的幾乎都有了,體力上雖不比年輕時,卻沒有老到吃不下、睡不著,還能有所奉獻。我們能夠擁有自己,還能夠參與別人,與別人連結,然後做有意義的事,甚至幫助別人不起煩惱。從這個過程當中,完成做為一個「人」的願望,中年,人生最優美的時刻。

---

❶　〈十牛圖〉為中國禪宗在陳述禪修進階的一種譬喻和象徵,簡明而喻意深遠,被修行人廣為參用。詳見聖嚴法師與丹‧史蒂文生(Dan Stevenson)博士合著之《牛的印跡》第十一章。

❷　「向死存有」為哲學家海德格(Martin Heidegger)的名言,他認為人們無法在單純平凡的生活中認清死亡的存在,因此醉生夢死,人們要能正面面對死亡的事實,才能從中學習「日日是好日」。

你準備好退休了嗎？

中年人最喜歡掛在嘴上的一句話是：「好想退休喔！」但你是否真正想過「退休」到底是怎麼一回事？讓我們自問幾個問題，看看自己是否準備好退休了？

□　想「休息」還是想「退休」？
□　退休可以改變一成不變的生活現狀？
□　真的能放下目前的社會地位和成就？
□　退休後能轉換跑道，開創事業第二春？
□　對退休後的生命規畫是清楚的，還是先退了再說？
□　已經想好退休後到老死的三十年間，自己要怎麼安排生活？
□　退休後的經濟是穩定的，足夠支付三十年的生活費與醫病開銷？
□　自己的體力真能應付退休後的改變？
□　退休後的生命意義和價值如何開創？

般若方程式 ⑨

叛逆中年
Middle Age Rebellion

著者	楊蓓
出版	法鼓文化
總監	釋果賢
總編輯	陳重光
編輯	張晴、李金瑛
封面設計	李俊輝
版型設計	周家瑤
內頁美編	小工
地址	臺北市北投區公館路186號5樓
電話	(02)2893-4646
傳真	(02)2896-0731
網址	http://www.ddc.com.tw
E-mail	market@ddc.com.tw
讀者服務專線	(02)2896-1600
初版一刷	2012年12月
初版四刷	2017年6月
建議售價	新臺幣180元
郵撥帳號	50013371
戶名	財團法人法鼓山文教基金會—法鼓文化
北美經銷處	紐約東初禪寺
	Chan Meditation Center (New York, USA)
	Tel: (718)592-6593 Fax: (718)592-0717

法鼓文化

國家圖書館出版品預行編目資料

叛逆中年 / 楊蓓著. -- 初版. -- 臺北市：法鼓
文化, 2012.12
  面 ； 公分
  ISBN 978-957-598-604-9（平裝）

1.自我實現 2.中年危機 3.生活指導

177.2   101022207